JN303751

よくわかる
成年後見制度と遺言の知識

遺言・成年後見アドバイザー
税理士
三浦 繁 *Miura Shigeru*

同文舘出版

はじめに

　二〇〇〇年二月。関与先の社長の依頼で、都内の病院に入院中のある老婆に会った。年齢は九〇歳近く、甥と姪が一人ずついるとのことだが、連絡してもなしのつぶて。本人は老衰に加えて認知症もあり、S銀行甲支店の貸金庫に預金通帳や株券を預けてあると言うものの、その鍵も見つからないし要領を得ない。ともかくS銀行に本人確認を依頼し、一時間以上もかけて確認作業をしたものの、らちがあかなかった。その後、作業の結果を本部で検討してもらい、一件落着したときは六月になっていた。
　私はこのできごとをきっかけに、この間の四月にスタートしていた新しい成年後見制度への関心を深め、以来、数多くの方々に本制度適用のお手伝いをしてきました。
　しかし、その後も各地で繰り返される振り込め詐欺や不要リフォーム事件、消費者金融トラブルなどで、判断能力が十分でない独り暮らしのお年寄りが被害者になる、痛々しい現実が続いています。
　残念なことですが、高齢になると判断能力や身体能力が衰えてくることは避けられません。誇りをもちながら晩年を過ごすためにも、愛する家族にもできるだけのことをしてやりたいと手を打とうとしても、「時すでに遅し」ということにもなりかねないのが現実です。とくに最近は六五歳未満の認知症患者が増えているとのことです。そんな「転ばぬ先のつえ」として、折角整備されてきた「成年後見制度」と「遺言制度」を上手に利用していただきたいというのが、私が本書を著した狙いです。それぞれの

制度の詳細については本文を読んでいただくとして、とくに強調しておきたいことは、次の二点です。

(1)「法定後見」よりも、元気なうちに「任意後見契約」を結んでおく「任意後見」は、まだ十分に判断能力のある人が、将来に備えて自ら後見人を選んで契約を結んでおく方法で、公証役場で書類さえ整えば、すぐに完了します。一方、法定後見は、公証役場ではなく家庭裁判所が介入してくるため、手続きが面倒ですし、時間も費用も余計にかかります。

(2) 任意後見契約と同時かそれ以前に、必ず遺言を遺しておく
任意後見契約を結んでいても、後見人は本人（被後見人）に代わって遺言をすることはできません。生前については任意後見、死後については遺言というふうに組み合わせて、きちんと自分の意思表示をしておくことがよいと思います。
いずれにしても、急速に進むわが国の高齢化のなかで、まだまだその内容について知られていない両制度への理解を少しでも深め、読者の皆さんが安心して老後の生活を送る助けとしていただければ、著者として幸いです。

なお、本書を出版できたのは、ことぶき法律事務所（東京・新宿）所属の松木信行弁護士、田村宏次弁護士のお二人に、とくに内容について入念なチェックをしていただいたおかげです。記して感謝の意を表します。

二〇〇六年五月

三浦　繁

◎目次◎

はじめに

成年後見編

序 成年後見制度のあらまし

Q1 成年後見制度とはどんな制度か 16
2000年から始まった成年後見制度は、「どんな人」が使えるものですか

Q2 新制度が導入されたのはどうしてか 18
新しい成年後見制度が導入されたことには、どういう理由があるのですか

Q3 新制度はどんな内容か 20
新しく導入された成年後見制度には、どんな特徴があるのですか

成年後見編

第1章 法定後見制度

Q4 法定後見制度とはどんな制度か 24
法定後見制度の内容は、どんなものですか

Q5 「後見」とはどんな制度か 26
法定後見制度のなかの、「後見」の内容はどんなものですか

Q6 「保佐」とはどんな制度か 30
法定後見制度のなかの、「保佐」の内容はどんなものですか

Q7 「補助」とはどんな制度か 34
法定後見制度のなかの、「補助」の内容はどんなものですか

Q8 「成年後見人等」には誰がなるのか 38
法定後見制度において、「成年後見人」「保佐人」「補助人」にはどんな人がなれるのですか

Q9 「成年後見人」の職務は何か 40
法定後見制度において、「成年後見人」はどんな仕事をするのですか

Q10 「保佐人」と「補助人」の職務は何か 42
法定後見制度において、「保佐人」と「補助人」はどんな仕事をするのですか

Q11 「成年後見人等」の報酬と費用は 44
法定後見制度において、「成年後見人」「保佐人」「補助人」に対する報酬等はどうしたらいいですか

Q12 「成年後見人等」はどうやって監督するのか 46
法定後見制度において、「成年後見人」「保佐人」「補助人」の監督は誰がどうやってするのですか

Q13 「成年後見監督人等」の職務は何か 48
法定後見制度において、「成年後見監督人」「保佐監督人」「補助監督人」はどんな仕事をするのですか。また報酬等はどうしたらいいですか

Q14 「成年後見監督人等」には誰がなるのか 50
法定後見制度において、「成年後見監督人」「保佐監督人」「補助監督人」にはどんな人がなれるのですか

Q15 「成年後見人等」「成年後見監督人等」を解任することはできるか 52
法定後見制度において、「成年後見人」「保佐人」「補助人」および「成年後見監督人」「保佐監督人」「補助監督人」に問題があるとき、その職務を辞めさせることはできますか。またその人たちが辞任することはできますか

Q16 「後見等」を利用するための手続きは　56
　法定後見制度を利用して「後見」「保佐」「補助」を受けるには、誰がどんな手続きをする必要がありますか

【様式】「後見開始申立書」の記載例、「申立書付票」

Q17 「法定後見制度」を利用するための手続きにかかる日数は　65
　法定後見制度を利用して「後見」「保佐」「補助」を受けるための手続きにかかる日数は、どのくらいですか

Q18 「法定後見制度」を利用するための手続きにかかる費用は　68
　法定後見制度を利用して「後見」「保佐」「補助」を受けるための手続きには、どんな費用がどのくらいかかりますか

Q19 本人の判断能力の判定をどうするか　70
　法定後見制度において、「後見」「保佐」「補助」のどの制度を利用するかは、どうやって決めたらいいですか

【様式】「成年後見用診断書」の例

Q20 本人の判断能力が変化したらどうするか　74
　法定後見制度を利用していて、本人の判断能力がさらに悪化したり、反対に回復したりした場合はどうしたらいいですか

Q21 「法定後見制度」における被後見人等の不利益は　76
　法定後見制度を利用する場合、「被後見人」「被保佐人」「被補助人」にとって不

● コラム　まだまだ少ない成年後見制度の利用　78

成年後見編

第2章　任意後見制度

Q22 任意後見制度とはどんな制度か
任意後見制度の内容はどんなものですか。法定後見制度とはどう違いますか　80

Q23 「任意後見」と類似の制度とはどこが違うのか
任意後見制度は、民法上の「委任契約」とはどこがどんなふうに異なるのでしょうか　83

Q24 任意後見制度をどう利用するか
任意後見制度の内容を活かして、実際に利用する際にはどんなやり方がありますか　85

Q25 任意後見制度を利用するための手続きは
任意後見制度を利用するには、どんな手続きをすればいいのですか　87

Q26 「任意後見契約」とはどんなものか
任意後見制度を利用するために行なう「任意後見契約」の内容は、どんなものですか 91

【様式】「任意後見契約公正証書」の例

Q27 「任意後見契約」はどうやって結ぶか、その費用は 97
「任意後見契約」を結ぶためには、どんなものが必要ですか。また費用はどれくらいかかりますか

【様式】「代理権目録」（1号様式）の例、「代理権目録」（2号様式）の例

Q28 「任意後見人」の職務は何か、その報酬等はどうする 99
任意後見制度において、「任意後見人」が果たすべき基本的な職務の内容とは、どんなことですか。また、それに対する報酬や費用はどうしたらいいですか

Q29 「任意後見人」に尊厳死の実行や死後の処理を頼めるか 106
任意後見制度を利用して、「任意後見人」に「リビング・ウィル」を実行することや、葬儀や埋葬のやり方、遺産相続などについて任せることはできますか

Q30 「任意後見人」には誰がなるのか 108
任意後見制度において、「任意後見人」にはどんな人がなれるのですか

Q31 「任意後見監督人」を選任する手続きと費用は 110
任意後見制度を利用するための前提となる「任意後見監督人」の選任は、誰がどうやってするのですか。そのためにはどんな費用がどのくらいかかりますか

【様式】「任意後見監督人選任申立書」の記載例

Q32 「任意後見監督人」には誰がなるのか 115
任意後見制度において、「任意後見監督人」にはどんな人が選ばれるのですか

Q33 「任意後見人」をどうやって監督するのか 118
任意後見制度において、「任意後見人」の監督は誰がどうやってするのですか。また、問題があったときは解任することができますか

Q34 「任意後見監督人」の職務は何か、その報酬はどうする 120
任意後見制度において、「任意後見監督人」が果たすべき基本的な職務の内容とはどんなことですか。また、それに対する報酬や費用等はどうしたらいいですか

Q35 「任意後見監督人」の辞任や解任はどうする 122
任意後見制度において、「任意後見監督人」は辞任できますか。また解任させられるのはどんなときですか

Q36 「任意後見契約」の内容変更と「解除」はできるか 124
任意後見制度において、「任意後見契約」の内容を変更したり、契約を途中でやめることはできますか

【様式】「解除通知書」（任意後見監督人選任前）の例、「解除通知書」（任意後見監督人選任後）の例

成年後見編

第3章 成年後見登記制度

Q37 「任意後見契約」の終了とその対応は
「任意後見契約」が終了する原因には、どんなことがありますか。また、終了したらどう対応したらいいですか　128

Q38 任意後見と法定後見との調整が必要な場合は
「任意後見契約」を結んでいる人について、法定後見（「後見」「保佐」「補助」）を開始することはできますか　130

●コラム　任意後見にはこんな使い方もある　134

Q39 成年後見登記制度とはどんな制度か
成年後見登記制度の内容は、どんなものですか　136

Q40 どんな場合に「登記」が行なわれるのか
成年後見登記制度において、どんな場合に「登記」が行なわれるのですか　139

Q41 登記の「申請」の手続きは
成年後見登記制度において、本人や後見人などが行なう登記の「申請」はどんなふうにするのですか。手数料などはかかりますか　143

135

Q42 どんなことが登記されるか 150
成年後見登記制度において、「登記」が行なわれる事項にはどんなものがありますか
【様式】「登記申請書」（変更の登記）の記載例、「登記申請書」（終了の登記）の記載例

Q43 登記事項の証明とはどういうことか 152
成年後見登記制度において、登記事項の証明というのはどういうことですか
【様式】「登記事項証明書」（後見）の例、「登記事項証明書」（保佐）の例、「登記事項証明書」（任意後見）の例、「登記されていないことの証明書」の例

Q44 どうやって「登記事項証明書」などを入手するか 159
成年後見登記制度において、「登記事項証明書」「登記されていないことの証明書」はどうやれば入手することができますか
【様式】「登記事項証明書」（成年後見登記用）の例、「委任状」の例、「登記されていないことの証明申請書」の例

Q45 「禁治産」「準禁治産」の記載はどうなるか 165
成年後見登記制度が導入されて、これまで「禁治産」「準禁治産」の宣告を受けている人の戸籍上の記載はどうなりますか
【様式】「登記申請書」（後見の登記）の記載例、「登記申請書」（保佐の登記）の記載例

●コラム　成年後見制度はどう使われているか 170

遺言編

第4章 遺言制度と遺産相続

Q46 遺言とはどんなものか 172
遺言というのはどんなものですか

Q47 一般的に遺産相続はどう行なわれるか 174
遺言がない場合、遺産相続はどんなふうに行なわれますか

Q48 「相続人」以外に財産を与えたい場合は 177
遺言を使って、本来「相続人」でない人に対しても遺産を遺すことはできますか

Q49 「相続人」なのに相続させたくない場合は 179
遺言を使って、本来「相続人」ではあるものの遺産を相続させたくない相手に相続させないことはできますか

Q50 どんな遺言でも有効か 181
遺言がどんなものであっても、従わなければならないのですか

Q51 絶対に遺言が必要な場合は 183
相続に関して、絶対に遺言を遺しておいたほうがよいというのはどんな場合ですか

171

遺言編

第5章　遺言の手続き

Q52 できれば遺言したほうがよい場合は
相続に関して、できれば遺言を遺しておいたほうがよいというのはどんな場合ですか　187

●コラム　遺言制度に関する勘違い　190

Q53 遺言はどうやって行なうか
相続に関して遺言を遺すには、どんな方法がありますか　192

Q54 「自筆証書遺言」は、どうやって実行されるか
「自筆証書遺言」は、どんな手続きを経て実行されるのですか　197

Q55 「公正証書遺言」は、どうやって実行されるか
「公正証書遺言」は、どんな手続きを経て実行されるのですか　200

【様式】「公正証書遺言書」の例

Q56 「公正証書遺言」作成に必要な資料や費用は
「公正証書遺言」を作成するには、どんな資料を用意すればいいのですか。また、費用はどれくらいかかりますか 203

Q57 「秘密証書遺言」は、どうやって実行されるのですか
「秘密証書遺言」は、どんな手続を経て実行されるのですか 206

Q58 遺言書で相続財産などをどう書き出すか
遺産相続のために遺言をする場合、相続財産などをどんなふうに書き出したらいいですか 208

Q59 遺言書はいつ書けばよいか、またその内容は修正できるか
遺言書は何歳くらいから書いたらいいですか。また、いったん作成した遺言書の内容を、修正したり取り消したりすることはできますか 212

Q60 遺言書が二つあった場合は
遺言書が二種類見つかった場合は、どう対処したらいいのですか 215

Q61 遺言の執行者は決めておいたほうがよいか
遺言の内容がスムーズに実行させるためには、遺言の執行者を決めておいたほうがいいですか 217

●コラム 「遺言の日」って知っていますか 219

◆用語索引 222

序章 成年後見制度のあらまし

成年後見編

Q1 成年後見制度とはどんな制度か

2000年から始まった成年後見制度は、「どんな人」が使えるものですか

A ▽判断能力が不十分な成人が対象になる

法律では、親のいない未成年者などの後ろ盾となって助けてあげる「未成年後見制度」（民法八三九〜八四二条参照）というものがあります。しかし、「成年」つまり成人になっていても、認知症（以前は痴呆症と呼ばれていました）の人や、知的障害、精神障害などの理由で**判断能力**が不十分な人もいます。そういう人を対象にして、日常生活を送る手助けをしようというのが「**成年後見制度**」です（民法七条参照）。

ただし、肉体的な手助けについては、同時にスタートした「**介護保険制度**」などのサービスがありますので、そうではなくて、判断能力を伴う行為について本人が間違いをしないように保護し、支援をしようというものです。

家族など身寄りがしっかりと面倒を見てくれる場合は別にして、身寄りがいなかっ

たり疎遠だったりする人の判断能力が不十分になると、自分の預貯金とか不動産などの財産の管理、介護などのサービスや施設への入所のための契約、遺産分割の協議などといったことを行なうのがむずかしくなります。また、自分に不利益のある契約を結んでしまうなど、いわゆる悪徳商法の被害に遭わないとも限らないからです。

▽ **将来に備えて準備するやり方もある**

このように、「すでに判断能力が十分でなくなった人」を対象に、裁判所の手続きによって後見人等を選任してもらう成年後見制度を、「**法定後見**」と呼びます。本人が、単なる浪費者であるとか、性格にかたよりがあるというだけの人には、この制度は使うことができません。

そして、「**現在は判断能力が十分にある人**」でも、将来的に自分がそういう状態になったときを想定して、あらかじめ当事者間の契約によって「**後見人**」を選び、自分に代わってしてほしい判断業務を託しておくこともできるようになりました。こちらは、成年後見制度のなかでも、「**任意後見**」と呼ばれるものです（任意後見契約法三条参照）。

つまり、成年後見制度というのは、その対象となる人によって、大きく「法定後見」と「任意後見」の二つの制度に分かれているのです。

Q2 新制度が導入されたのはどうしてか

新しい成年後見制度が導入されたことには、どういう理由があるのですか

A　▽**これまでの制度の使い勝手をよくする**

　新たに成年後見制度が実施されたのは、2000年4月からですが、実はそれまでにも、「成年後見制度」の前身として、「禁治産」「準禁治産」という制度がありました。

　ところが両制度は、「治産」を「禁」ずるというその名前をはじめとして、多くの人のなかに根強い抵抗感があったと言えます。とくに、禁治産や準禁治産の宣告を受けるとその事実が戸籍に記載されるため、社会体面上よくないからということで、本人だけでなく親類縁者にも敬遠されるなどして、あまり利用されずにいたのが実情だったのです。

　その結果、わが国では認知症など痴呆性の高齢者が百数十万人もいると言われるのですが、禁治産や準禁治産の宣告件数は、年間で二〇〇〇〜三〇〇〇件程度しかあり

ませんでした。しかも、利用されるときには、資産家の子どもたちが遺産相続を自分に有利に行なおうとするなど、相続争いを先取りするために使われるようなことさえ見られました。

▽急速に進む社会の高齢化に備えて

一方でわが国では社会の高齢化が急速に進行中で、現在65歳以上の人が総人口に占める割合はほぼ20％を占めています。さらに今世紀半ばには、三人に一人が65歳以上という、超高齢社会の到来が確実視されているのです。

このような急速な高齢化が進むとともに、判断能力の不十分な高齢者が悪徳商法の被害を受けることなどが増えており、そうした人を法的に保護し支援するための新しい制度を早急に整備する必要性が叫ばれるようになりました。そんな声に応えようとしてできたのが、この成年後見制度です。

新制度をつくる際のポイントになったのは、高齢者や障害者も地域のなかで健常者と同じように生活できることが当たり前な社会をつくろうという「ノーマライゼーション」の考え方や、一方的に制度を押しつけるのではなく、自分のことはできるだけ自分で決められるよう手助けする「**自己決定権を尊重した**」制度にしようという点でした。

Q3 新制度はどんな内容か

新しく導入された成年後見制度には、どんな特徴があるのですか

A

▽大きな特徴が三つある

従来の「禁治産」「準禁治産」という制度に代わって導入された「成年後見制度」には、大きく次のような特徴があります（図表序-1参照）。

(1) 「法定後見制度」は、「後見」「保佐」「補助」の三段階がある

精神上の障害の程度などの本人の事情によって、これまでは禁治産と準禁治産という二つの分け方で対応していました。

しかし、これでは保護・支援の必要性の高い人が対象から外れてしまうことが多いため、新制度では「禁治産」「準禁治産」それぞれに対応する「後見」と「保佐」に加えて、さらに軽度の精神上の障害をもつ人を対象とする「補助」というものが新たに加わりました。

(2) 新たに「任意後見制度」が加わった

図表序-1　新制度の3つの特徴

(1) 法定後見制度が3段階になった
- 禁治産宣告→後見
- 準禁治産宣告→保佐
- 補助が新設された

(2) 任意後見制度が新設された
- 任意後見契約ができるようになった

(3) 公示方法が変わった
- 戸籍→後見登記

「法定後見制度」は、すでに判断能力が十分でない人に使われる事後的な措置ですが、現在は十分な判断能力をもつ人が将来の自分のために使うことのできる事前的な措置として、「任意後見制度」が新たに加わりました。

(3) 「後見登記制度」ができた

従来の禁治産と準禁治産の制度では、宣告すると戸籍に記載されていましたが、新制度ではそれぞれの内容などを法務局に「登記」（詳細は第3章参照）するようになりました。

いずれも、これまでの禁治産と準禁治産制度の問題点を改善し、新しい時代に対応した制度にしようとして出てきた特徴であると言えます。

成年後見制度のあらまし

判断能力が十分なとき

任意後見制度

↓

公正証書による任意後見契約

判断能力が不十分になったとき

法定後見制度

↓

家庭裁判所へ任意後見監督人選任の申立て　　家庭裁判所へ後見、保佐、補助の開始申立て

↓

家庭裁判所の審理
（鑑定や親族への意向照会、本人調査など）

↓

審判の確定

↓

成年後見人などによる保護・支援開始

第1章 法定後見制度

成年後見編

Q4 法定後見制度とはどんな制度か

法定後見制度の内容は、どんなものですか

A 精神上の障害などの理由で判断能力が十分でない人に対して、その人が不利益を被らないよう、法的に保護し支援するために導入された「成年後見制度」には、大きく分けて「法定後見」と「任意後見」の二つの制度があります。

「法定後見制度」というのは、従来の「禁治産」「準禁治産」両制度に代わるものとして制定されたものですが、その対象となる本人の判断能力の程度などに応じて、さらに「後見」「保佐」「補助」の三つに分かれています（図表1-1参照）。

▷ **三つの制度が含まれる**

▷ **保護・支援のために裁判所から与えられた権限を使う**

これらの制度ではいずれも、家庭裁判所によって選ばれた「後見人」「保佐人」「補助人」（すべてをひっくるめて「成年後見人等」と呼びます）が、家庭裁判所から次のような権限を与えられる（「付与」される）ことによって、後見等を受ける人が不利益

24

図表1-1　法定後見制度が使える人は

● 対象となる人
- 後見＝判断能力が欠けている状態が通常の人
- 保佐＝判断能力が著しく不十分な人
- 補助＝判断能力が不十分な人

● 申立てをすることができる人（申立権者）
- 後見、保佐、補助のいずれも＝本人、その配偶者、四親等内の親族、検察官、市町村長など

（四親等内の親族というのは、①親、祖父母、子、孫、ひ孫、②兄弟姉妹、甥、姪、③おじ、おば、いとこ、④配偶者の親・子・兄弟姉妹、などです）

を被らないように保護し支援します。

(1) 本人の代理として、契約などの法律行為を行なうことのできる「**代理権**」

(2) 本人が自分で法律行為を行なうときに同意を与えることのできる「**同意権**」

(3) 同意を得ないで本人が行なった不利益な法律行為を後から取り消すことのできる「**取消権**」

ただし、付与される権限の範囲については、後見人、保佐人、補助人の別で異なります。

この制度は、あくまでも本人を保護するための制度ですから、成年後見人等が本人の財産を贈与したり、貸し付けたりすることは原則としてできません。

Q5 「後見」とはどんな制度か

法定後見制度のなかの、「後見」の内容はどんなものですか

A ▽判断能力をほとんどなくした人が対象となる

「後見」というのは、以前の「禁治産」に代わる制度で、法律でいうところの「精神上の障害に因り事理を弁識する能力を欠く常況にある」人を対象にしています。

つまり、重度の痴呆が進むなどして、日常の買い物なども一人ではできない程度に判断能力が低下しており、時には正常な判断能力があるように思えても、基本的には判断能力がほとんどないと思われる人のための制度です。

こうした人の場合、自分が行なおうとする行動について、その意味や結果を正しく理解したり予測したりすることがむずかしいので、悪徳商法などの被害に遭いやすい面があります。

そこで、本人、その配偶者、四親等内の親族（25頁の図表1-1参照）といった人が

図表1-2　「日常生活に関する行為」の例

- 食料品や日用衣料品、日用雑貨品などを購入すること
- 電気・ガス・水道などの供給契約を結んだり、その料金を支払うこと
- 近隣へ出かけるための公共交通機関を利用することや、その料金を支払うこと
- 日常的に診てもらっている家庭医への診療を依頼することや、その料金を支払うこと
- こうした支払いに充てるために、預貯金を払い戻したり、振り込んだりすること
- その他

申し立てることによって、家庭裁判所で「後見開始の審判」という手続きを取り、「成年後見人」が選ばれて、後見が開始されます。

これにより「成年後見人」には、次のような権限が「付与」されます。

▽ **「成年後見人」に与えられる権限は**

(1) 本人が行なった行為を取り消すことのできる「取消権」

たとえば、本人が著しく安い値段で土地を売却してしまったような場合、契約を取り消して代金を返却させ、土地を取り戻したりすることができます。

こうしたことは本人と成年後見人だけに許されており、家族でも、成年後見人

になっていなければ認められる行為ではありません。

なお、取消権については、「禁治産」の制度では本人が行なったいっさいの行為が対象となりましたが、新制度では食料品や衣料品の購入などのような「**日常生活に関する行為**」（図表1-2参照）については取り消すことができなくなっています。

(2) 本人（成年被後見人）に代わって財産に関するすべての法律行為を行なうことのできる「**代理権**」

たとえば、預貯金の管理、生活費に充当するための財産の処分、介護サービスの契約や損害賠償請求、遺産分割協議などを行なうことができます。

当然ながら、成年後見人に付与されるこうした権限は、被後見人本人のために行使されるものでなければならず、成年後見人が勝手に被後見人の財産に手をつけるといったことがあれば、法律上、処罰の対象となることは言うまでもありません。

図表1-3　成年後見人等の権限の範囲

● 同意権
- 保佐人＝「日常生活に関する行為」を除いた「重要な行為」【注1】
- 補助人＝申立ての範囲内で家庭裁判所が審判で定める「特定の法律行為」（「日常生活に関する行為」を除いた「重要な行為」の一部）【注2】

● 取消権
- 成年後見人＝「日常生活に関する行為」を除いた行為
- 保佐人＝「日常生活に関する行為」を除いた「重要な行為」【注1】
- 補助人＝申立ての範囲内で家庭裁判所が審判で定める「特定の法律行為」（「日常生活に関する行為」を除いた「重要な行為」の一部）

● 代理権
- 成年後見人＝財産に関するすべての法律行為
- 保佐人＝申立ての範囲内で家庭裁判所が審判で定める「特定の法律行為」【注2】
- 補助人＝申立ての範囲内で家庭裁判所が審判で定める「特定の法律行為」（「日常生活に関する行為」を除いた「重要な行為」の一部）【注2】

【注1】　家庭裁判所の審判で、範囲を広げられる。
【注2】　審判を申し立てる場合、本人の同意が必要。

Q6 「保佐」とはどんな制度か

法定後見制度のなかの、「保佐」の内容はどんなものですか

A ▽「重要な行為」を一人では行なえない人が対象となる

「保佐」というのは、以前の「準禁治産」に代わる制度です。法律で規定する「精神上の障害に因り事理を弁識する能力が著しく不十分」な状態にある人を対象にしています。

つまり、本人が自覚しないような物忘れがしばしばあったりして、日常の買い物などは一人ですることができるけれど、不動産や自動車の売買といった「重要な行為」(図表1-4参照)については一人で行なうことができないと思われるような人のための制度です。

本人、その配偶者、四親等内の親族(25頁の図表1-1参照)といった人が申し立てることによって、家庭裁判所が**「保佐開始の審判」**という手続きを取り、「保佐人」が選ばれて、保佐が開始されます。

図表1-4　保佐人の同意が必要な「重要な行為」の例

- 金銭や不動産を貸し付けたり、預貯金を出し入れしたり、弁済金を受け取ったり、賃貸不動産の返還を受けること
- 金銭を借り入れたり、保証すること
- 不動産や自動車、株式、貴金属、ゴルフ会員権、特許権・著作権などの重要な財産を売買したり、担保を設定すること
- 訴訟行為をすること
- 贈与、和解、仲裁契約をすること
- 相続の承認・放棄、遺産分割をすること
- 贈与・遺贈を拒絶することや、負担付き贈与・遺贈を受諾すること
- 新築、改築、増築、大修繕をすること
- 長期の賃貸借契約（山林は10年、その他の土地は5年、建物は3年、動産は6か月を超えるもの）を結ぶこと
- その他

▽「保佐人」に与えられる権限は

これにより「保佐人」には、次のような権限が「付与」されます。

(1)「同意権」

「重要な行為」について、本人（被保佐人）が行なうのが妥当かどうかを判断して同意を与えることのできる

一般の契約などは本人が行なうのが前提ですが、「重要な行為」については、それを行なうことで本人

が不利益を被るのを避けるために、保佐人の同意を必要としています。

ただし、「重要な行為」に形式上は含まれていても、たとえば食料品や衣料品を購入するための預金の払い戻しといった「日常生活に関する行為」（27頁の図表1-2参照）については、保佐人の同意を得ることなく本人が行なってもかまいません。

逆に、「重要な行為」以外でも、「保佐開始の審判」の申立て権者や保佐人、保佐監督人（Q13、14参照）の申立てがあれば、家庭裁判所は保佐人の同意を得るべき行為を加えることもできます。

なお、本人の自己決定権をできるだけ尊重するという主旨から、本人の行為によって不利益を被るおそれがないと思われるのに、保佐人がそのことについて同意しない場合には、本人が家庭裁判所の「許可」を得て行なうことができるようになっています。

(2) 同意を得ずに本人が行なった行為を取り消すことのできる「取消権」

「準禁治産」の制度では、「取消権」は本人にしかありませんでしたが、新制度では、保佐人の同意または家庭裁判所の「許可」が必要であるにもかかわらず、それを受けることなく本人が行なった行為については、保佐人が取り消すことができるように

りました。

(3) 本人に代わって「**特定の法律行為**」を行なうことのできる「**代理権**」

加えて、従来は保佐人には代理権もありませんでしたが、本人が負担を感じたり、本人が行なうことによって支障が出るような行為で、家庭裁判所が認めた「**特定の法律行為**」（詳細はQ7参照）については、本人に代わって保佐人が行なうことができるようになりました。

ただし、それには本人の同意が必要ですし、本人の必要性を勘案して、申立ての範囲でどんなことまで代理できるかが家庭裁判所によって決められます。保佐人は、「成年後見人」のように、財産に関するすべての法律行為について代理権をもつわけではありません。

なお、保佐人に代理権が与えられている場合でも、本人が望めば（ただし、保佐人の同意が必要な場合はその同意を得て）、本人自らがその行為を行なうことは可能です。

Q7 「補助」とはどんな制度か

法定後見制度のなかの、「補助」の内容はどんなものですか

A ▽やや心配があるので援助があったほうがよい人が対象となる

「補助」というのは、以前の「禁治産」「準禁治産」の制度には該当するものがなく、新しく設けられたものです。法律では「精神上の障害に因り事理を弁識する能力が不十分」な状態にある人を対象にしています。

つまり、物忘れなどもするが、本人にもその自覚があり、日常の買い物などはもちろんのこと、不動産や自動車の売買といった**重要な行為**（31頁の図表1-4参照）についても一人で行なうことができるかもしれないが、心配があるので誰かの援助があったほうがよいと思われるような人のための制度です。

こうした軽度の精神上の障害をもつ人の場合、かなり活動的で社会参加しているケースも多く見られるため、かえって悪徳商法の被害に遭うようなことも多いと思われていました。しかし、そうした側面だけをとらえて、周囲が過剰に保護しようとする

34

ことは、本人の自立を妨げるという悪影響も考えられ、その辺の折り合いをどんなふうにするかが問題となっていたのです。

▽**本人の決定権が大きい制度**

そこで手続き上は「後見」や「保佐」と同様に、**本人、その配偶者、四親等内の親族**（25頁の図表1-1参照）といった人が申し立てることによって（ただし、本人以外の申立てでは本人の同意が必要）、家庭裁判所が「**補助開始の審判**」という手続きを取り、「**補助人**」が選ばれることによって補助が開始されますが、これだけでは実際的な効果は出てこないようになっています。

そうした手続きに加えて、本人の意思によって、「**同意権付与の審判**」または「**代理権付与の審判**」またはその両方を行ない、本人が必要とする補助の内容について決めることが求められているのです。

▽**補助人に与えられる権限とは**

このようにしてようやく、「補助人」には申立ての範囲内で、次のような権限が付与されます。

(1)「特定の法律行為」について、本人（被補助人）が行なうのが妥当かどうかを判断

して同意を与えることのできる「**同意権**」「**同意権付与の審判**」が行なわれる場合には、前項の図表1-4に示した「重要な行為」のうち、申立ての範囲内で、それを行なうことで本人が不利益を被ると家庭裁判所が個別に判断し、補助人の同意を必要とする行為を「**特定の法律行為**」として決定します。

ただし、たとえば食料品や衣料品を購入するための預金の払い戻しといった「**日常生活に関する行為**」については、補助人の同意を得ることなく本人が行なってもかまわないのは「保佐」の場合と同様です。

なお、本人の自己決定権をできるだけ尊重するという趣旨から、本人の行為によって不利益を被るおそれがないと思われるのに、補助人がそのことについて同意しない場合には、本人が家庭裁判所の「許可」を得て行なうことができるようになっているのも「保佐」の場合と同様です。

(2) 同意を得ずに本人が行なった行為を取り消すことのできる「**取消権**」

「**同意権付与の審判**」が行なわれると、補助人の同意または家庭裁判所の「許可」が必要であるにもかかわらず、それを受けることなく本人が行なった行為については、

本人と補助人が取り消すことができます。

他方、「同意権付与の審判」の申立てが行なわれていない場合は、補助人の同意が必要な行為がないため、「取消権」もありません。

(3) 本人に代わって**特定の法律行為**を行なうことのできる「**代理権**」

「代理権付与の審判」が行なわれた場合には、(1)で述べたのと同様に、前項の図表1-4に示した「重要な行為」のうち、申立ての範囲内で、本人に代わって補助人が行なうことで本人が不利益を被ると家庭裁判所が個別に判断し、本人に代わって補助人が行なえる行為を「特定の法律行為」として個別に決定します。

なお、補助人に代理権が与えられていても、本人が望めば（ただし、補助人の同意が必要な場合はその同意を得て）、本人自らがその行為を行なうことは可能です。

「同意権付与の審判」と「代理権付与の審判」については、「補助開始の審判」と同時に行なってもかまいませんし、補助が開始されてから追加して行なうことも可能です。また、「同意権」と「代理権」の及ぶ範囲について、後から追加したり、一部もしくは全部を取り消すことも可能です。

Q8 「成年後見人等」には誰がなるのか

法定後見制度において、「成年後見人」「保佐人」「補助人」にはどんな人がなれるのですか

A

▽家庭裁判所によって選ばれる

法定後見制度における「後見」「保佐」「補助」という三つの制度では、それぞれ直接的に本人を保護し支援する人を「成年後見人」「保佐人」「補助人」と呼び、これらを「成年後見人等」と総称しています。

「後見」「保佐」「補助」を受けるときには、それぞれの開始の審判（**後見等開始の審判**）の手続きをすると、それを受けて家庭裁判所が職権によって成年後見人等を選びます。

▽身内から第三者へ、個人から法人への流れがある

成年後見人等になるためには、とくに必要な資格や要件などはありませんが、未成年者や破産者、それまでに成年後見人等を解任されたことのある人などは、対象から外されます。

図表1-5　成年後見人等を選ぶポイント

- 保護・支援を受ける本人の心身の状態と、生活や財産の状況
- 成年後見人等になる人の仕事や経歴、本人との利害関係の有無
- 成年後見人等になるのが法人の場合は、その事業の種類や内容、そしてその法人およびその代表者と本人との利害関係の有無
- 本人の意見
- その他のいっさいの事情

「禁治産」「準禁治産」の制度では、その配偶者がいると当然に配偶者が後見人や保佐人に選ばれていましたが、新制度では家庭裁判所の選任に任され、本人の親族以外にも、法律や福祉の専門家などの第三者、そして個人だけでなく福祉関係の公益法人などの法人が選ばれることもできるようになりました。

家庭裁判所は本人のためにどんな保護・支援が必要かといった事情に応じて、図表1-5のような点を勘案して選任します。

また、任せたい業務の内容によって、たとえば法律問題と財産問題をそれぞれの専門家に託すというように、成年後見人等を複数選任することもできます。

Q9 「成年後見人」の職務は何か

法定後見制度において、「成年後見人」はどんな仕事をするのですか

A ▽家庭裁判所から与えられた権限の範囲で行なう

「成年後見人」は、家庭裁判所から与えられた（「付与」された）権限である、①本人（成年被後見人）の行なった財産に関する法律行為についての包括的な代理権と、それに対応する包括的な財産管理権、②本人が行なった法律行為に対する取消権（詳細はQ5参照）の範囲で、その職務を果たさなければなりません。

一般的な職務の内容は、本人（成年被後見人）の「生活、療養看護および財産の管理に関する事務」＝「後見事務」とされ、大きく次の二つに分かれます。

(1) 自己の財産を自ら管理する能力が十分ではない本人に代わって、その財産を維持したり本人のために処分したりする「財産管理」

とくに、包括的に任される財産管理は重要な職務で、成年後見人に選任されたらすぐに被後見人の財産を調査し、一か月以内に財産目録を作成しなければなりません。

また、本人の生活や療養看護、財産管理のために必要な予定金額を決めることも求められます。

(2) 本人の生活や健康管理などに目を配る「身上監護」

身上監護については、法律行為に関するものに限られていますから、実際に食事の世話や介護といったことを行なうわけではありません。しかし、本人が生活や健康を維持していくのに必要と考えられる介護サービスや治療行為を受けられるように、与えられた権限のなかで手配する必要があります。

▽ **本人に対して二つの義務を負う**

なお、家庭裁判所の許可なく、本人に代わって、本人が住んでいる土地や建物を売却したり、抵当権を設定したり、他人に賃貸したり、あるいは賃借しているときに契約を解除することはできません。

いずれの職務に関しても成年後見人は、本人の意思を尊重し（「**意思尊重義務**」）、本人の心身の状態および生活の状況に配慮する（「**身上配慮義務**」）という二つの義務を負っています。

また、成年後見人は、その職務について家庭裁判所に報告するなどして、その監督＝「後見監督」を受けることになっています。

Q10 「保佐人」と「補助人」の職務は何か

法定後見制度において、「保佐人」と「補助人」はどんな仕事をするのですか

A ▽職務と目的は「後見人」と同様だが、その範囲が異なる

「保佐人」と「補助人」の一般的な職務の内容は、保護・支援を受ける本人の「生活、療養看護および財産の管理に関する事務」とされ、大きく次の二つに分かれます。

(1) 自己の財産を自ら管理する能力が十分ではない本人に代わって、その財産を維持したり本人のために処分したりする「**財産管理**」

(2) 本人の生活や健康管理などに目を配る「**身上監護**」

つまり、成年後見人の行なう職務と目的は同様で、家庭裁判所から「付与」された権限によって、その職務の範囲が異なっていると考えられます。

保佐人の場合は、①本人による「日常生活に関する行為」以外の「重要な行為」に対する**同意権**と**取消権**、②申立ての範囲内で家庭裁判所が審判で定める「特定の法律

「行為」を本人に代わって行なう**代理権**とこれに付随する**財産管理権**（詳細はＱ６参照）の範囲で職務を行ないます。

また**補助人**の場合は、①申立ての範囲内で家庭裁判所が審判で定める「特定の法律行為」を本人に代わって行なう**代理権**とこれに付随する**財産管理権**、②申立ての範囲内で家庭裁判所が審判で定める「特定の法律行為」に対する**同意権と取消権**（詳細はＱ７参照）の範囲となります。

したがって、たとえば財産管理に関しては、成年後見人のように財産目録を作成する義務はありませんが、家庭裁判所からそうした要求があればそれに応えなければなりません。

保佐人・補助人も、いずれの職務に関しても本人の意思を尊重し（「**意思尊重義務**」）、本人の心身の状態および生活の状況に配慮する（「**身上配慮義務**」）という二つの義務を負っていることは成年後見人と変わりありません。

その他、前項に示した身上監護に関する取組み方、家庭裁判所の許可なく本人の居住用不動産の処分ができないこと、その職務について家庭裁判所の監督を受けることなどは成年後見人と同様です（詳細はＱ９参照）。

Q11 「成年後見人等」の報酬と費用は

法定後見制度において、「成年後見人」「保佐人」「補助人」に対する報酬等はどうしたらいいですか

A 「成年後見人等」(「成年後見人」「保佐人」「補助人」の総称)は、保護・支援を受ける本人のために職務を行なうのですから、家庭裁判所の審判によって認められれば、職務の対価としての報酬を被後見人等の財産のなかから受け取ることができます。

▽ 報酬は家庭裁判所によって決められる

「禁治産」「準禁治産」の制度では、保佐人には被保佐人に対する同意権しかなく、報酬規定も設けられていませんでしたが、新制度では取消権や必要に応じての代理権、財産管理権も付与されるなど、その職務権限が拡大されたため、保佐人も報酬を得ることができるようになりました。補助人についても、その職務権限を勘案して報酬を受け取ることが可能になっています。

報酬を受けられるかどうかは、成年後見人等が家庭裁判所に対して「報酬付与の審

判」を申し立て、家庭裁判所の審判によって決定されます。報酬を受けられるかどうかや報酬の金額については、それぞれのケースによって成年後見人等と被後見人等の双方の資力、両者の関係、実際の職務のむずかしさや量といったことで総合的に判断され、決定されます。

報酬が支払われることになったら、支払われる時期は後払いが原則で、当初の処理がひととおり終了した時点、その後は一年ごとに支払われることが多いようです。

▽**後見等事務にかかる経費も本人から支払われる**

一方、成年後見人等が財産管理や身上監護に関する職務＝「後見等事務」（Q9、10参照）を果たすに際して、本人の生活費や教育費、医療費といった本人自身にかかる費用はもちろん、一定の経費等が必要になることも出てきます。たとえば、成年後見人等が財産管理のために活動したときの通信費や交通費、病院へ付き添ったときの交通費などといったものがそうです。

本人自身にかかわる費用については、成年後見人等は管理する本人の財産から支払うことができますし、本人に代わって立て替えた必要経費についても、本人に請求して本人の財産から速やかに受け取ることができます。

Q12 「成年後見人等」はどうやって監督するのか

> 法定後見制度において、「成年後見人」「保佐人」「補助人」の監督は誰がどうやってするのですか

A

▽ 指導・監督の権限は家庭裁判所にある

「禁治産」制度では、後見人等となった親族が勝手に被後見人等の財産を処分して、ひどいときには自分や親族のものにしてしまうといったことがあったようです。新制度では、成年後見人等（「成年後見人」「保佐人」「補助人」）は、被後見人等の意思を尊重し、本人の心身の状態や生活に気を配りながら、程度の差はあれ被後見人等の財産管理と、健康で暮らしていけるように身上監護の職務（Q9、10参照）を行なう必要があります。

成年後見人等がそうした「後見等事務」をきちんと行なっているかについては、一般的に家庭裁判所が指導・監督権限をもっていて、図表1-6にあるように、成年後見等の開始時に、成年後見人等に対して定期的な報告を義務づけたり、財産管理の方法を定めたりすることもできます。また、被後見人等やその親族などから苦情の声が上

46

図表1-6　家庭裁判所による成年後見人等に対する指導・監督権限

(1) 成年後見人等に対して、いつでも後見等の職務の報告、財産目録の提出を求めることができる
(2) 後見等の職務、財産の状況を調査することができる
(3) 財産の管理その他後見等の職務に関して必要な処分を命じることができる

がったりしたら、成年後見人等から事情を聞いたり、家庭裁判所調査官や公認会計士などに調査させることもできます。

さらに、家庭裁判所の監督を補完するものとして、「成年後見監督人等」（Q13、14参照）も、成年後見人等が不正を働いたり与えられた権限を濫用しないように監督するのが職務です。

▽必要に応じて「成年後見監督人等」による監督も行なわれる

成年後見監督人等は、被後見人等、その親族、成年後見人等の請求によって選任されますが、成年後見人等が望んでいなくとも、家庭裁判所が必要と認めればその職権で成年後見監督人等を選任することができるようになりました。

Q13 「成年後見監督人等」の職務は何か

法定後見制度において、「成年後見監督人」「保佐監督人」「補助監督人」はどんな仕事をするのですか。また報酬等はどうしたらいいですか

A

▽本人などの請求や家庭裁判所の職権で選ばれる

本人（被後見人）に代わって財産管理を行なったり、本人の身上監護を行なうという職務（Q9、10参照）を果たす「成年後見人」は、いろいろな権限をもっていますので、その権限が濫用されないよう、家庭裁判所が指導・監督することになっています（Q12参照）。

また、家庭裁判所が必要と認めた場合、成年後見人を「監督」するために、**本人（被後見人）、その親族、成年後見人の請求あるいは家庭裁判所の職権によって、「成年後見監督人」**を選任することができます（Q12参照）。

「保佐人」「補助人」についても、その職務権限が拡大されたため、同様に「保佐監督人」「補助監督人」を選ぶことができます。

こうして選任された「成年後見監督人」「保佐監督人」「補助

図表1-7　成年後見監督人等の職務

(1) 成年後見人等が行なう後見等の職務を監督すること
(2) 成年後見人等が死亡したり破産宣告を受けたりしたときに、遅滞なく後任者の選任を家庭裁判所に請求すること
(3) 差し迫った事情がある場合に、成年後見人等に代わって必要な処分をすること
(4) 成年後見人等またはその代表する人と本人の利益が相反する場合に、本人を代表したり（成年後見監督人）、本人がこれをすることに同意する（保佐監督人、補助監督人）こと

監督人〕）は、図表1-7のような職務を果たします。

▽**報酬と費用も支払われる**

家庭裁判所は成年後見監督人等に対しては、成年後見監督人等と被後見人等双方の資力その他の事情によって、被後見人等の財産のなかから妥当な額の報酬を与えることができます。これは、成年後見人等に対する場合と同様です。

また、後見監督等の職務を行なうために必要な費用を、被後見人の財産のなかから後見監督人等に支払うことができるのも、成年後見人等に対する場合と同様です。

Q14 「成年後見監督人等」には誰がなるのか

法定後見制度において、「成年後見監督人」「保佐監督人」「補助監督人」にはどんな人がなれるのですか

A

成年後見人等の行なう職務を監督するために、家庭裁判所が必要と認めるとき、被後見人等やその親族、成年後見人等の請求や、家庭裁判所の職権で、「成年後見監督人等」(「成年後見監督人」「保佐監督人」「補助監督人」の総称)を選ぶことができます。

家庭裁判所が成年後見監督人等を選任するに際しては、成年後見人等を選ぶ際のポイント(Q8参照)が準用されます。

つまり、未成年者や破産者、それまでに成年後見人等を解任されたことのある人などが対象から外されるとともに、成年後見人等の配偶者、直系血族(たとえば祖父母、父母、子、孫など)および兄弟姉妹についても、監督すべき成年後見人等と利害が重なるようなことが予想されるために、その対象から外されます。

▽ **成年後見人等と利害の重なるような人はダメ**

そのうえで、39頁の図表1-5にあるようなポイントを勘案して、選任されることになります。

▽ **第三者や法人などが選ばれることが増えている**

具体的には、配偶者が成年後見人等である場合に、本人の兄弟が高齢化や核家族化が進んでいる今日では、成年後見人等にしてもその監督人にしても、親族から選ばれる例もあるでしょう。しかし、高齢化や核家族化が進んでいる今日では、成年後見人等にしてもその監督人にしても、弁護士や司法書士といった法律の実務家、社会福祉士などの福祉の専門家が選ばれるケースも増えてくると思われます。

また、成年後見人等の場合と同様に、社会福祉協議会などの社会福祉法人、福祉関係の公益法人などのほかに、営利法人などの法人についても、家庭裁判所がその適格性を個別に判断して、選任することができます。

さらには、これも成年後見人等の場合と同様に、複数の成年後見監督人が選任されることも可能になっています。その場合、それぞれがバラバラに職務を行なわないよう、職務を共同で行なうか分担して行なうか、家庭裁判所が職権で決めることになっています。

Q15 「成年後見人等」「成年後見監督人等」を解任することはできるか

法定後見制度において、「成年後見人」「保佐人」「補助人」および「成年後見監督人」「保佐監督人」「補助監督人」に問題があるとき、その職務を辞めさせることはできますか。またその人たちが辞任することはできますか

A

▽「成年後見人等」の職務が終了する理由

「成年後見人」「保佐人」「補助人」といった「成年後見人等」は、被後見人等が本人の望むような形での生活ができるよう、その便宜を図るという職務をもっています。そして、その職務は被後見人等が死亡した場合、もしくは成年後見人等が辞任するまで続きます。

しかし、その途中であっても、成年後見人等に図表1-8のような行為が見られた場合には、それを解任することができます。

(1) 解任の場合

そのための手続きは、**成年後見監督人等、本人（被後見人等）、その親族、検察官**が、家庭裁判所に対して図表1-8のような行為を理由に成年後見人等の**解任を請求す**

図表1-8　成年後見人等、成年後見監督人等が解任される理由

(1) 不正な行為があった
　　たとえば、本人の財産を横領したり、私的に流用したりするなど、違法な行為、社会的に非難されるべき行為をした場合
(2) 著しい不行跡があった
　　その行ないがはなはだ良くなくて、本人の財産の管理に危険を生じさせるなど、成年後見人等として適格性を欠くと思われる場合
(3) その他成年後見人等の任務に適さない事由
　　権限を濫用したり、財産の管理方法が不適当だったり、任務を怠ったりした場合

る審判の申立てを行なうか、家庭裁判所が職権によって行ないます。

また、成年後見人等を監督する立場にある成年後見監督人等に図表1-8のような行為が見られた場合も、成年後見監督人等（複数いる場合の他の成年後見監督人等）、本人（被後見人等）、その親族、検察官が、家庭裁判所に解任を請求する審判の申立てを行なうか、家庭裁判所が職権によって解任することができます。

なお、成年後見人等が行なった不正な行為によって被後見人等に損害を与えた場合は、その損害を賠償しなければならないのはもちろんのこと、悪質なケースでは、業務上横領といった刑事責任が問われるのは言うまでもありません。

(2) 辞任の場合

「成年後見人等」も「成年後見監督人等」のどちらも、後見等および後見監督等の職務の適任者であると家庭裁判所に認められ、被後見人等の本人保護のために選任されていますから、勝手に辞任されては被後見人等の利益を害するおそれがあります。

そのため、辞任するについては、図表1-9のような**「正当な事由」**があり、家庭裁判所の許可を得て可能となります。

辞任によって、新たに成年後見人等、成年後見監督人等を選任する必要があれば、成年後見人等、成年後見監督人等は速やかに後任者の選任を家庭裁判所に請求しなければなりません。

また、成年後見人等の辞任あるいは被後見人等の死亡によってその職務が終了した場合には、速やかに家庭裁判所に連絡するとともに、二か月以内に管理していた被後見人等の財産の収支を計算し、その現状を家庭裁判所に報告したうえで、管理してい

図表1-9 成年後見人等、成年後見監督人等の辞任が認められる「正当な事由」とは

(1) 職業上の必要等から遠隔地に住居を移し、職務の遂行に支障が生じた場合
(2) 老齢、疾病などにより職務の遂行に支障がある場合
(3) 本人またはその家族との間に不和が生じた場合
(4) その他

た財産を被後見人等の相続人に引き継ぐことが必要です。

Q16 「後見等」を利用するための手続きは

法定後見制度を利用して「後見」「保佐」「補助」を受けるには、誰がどんな手続きをする必要がありますか

A

▽家庭裁判所への申立てが必要

法定後見制度を利用して「後見等」(「後見」「保佐」「補助」)を受けるためには、まず本人(被後見人等)の住所地を管轄する家庭裁判所に対して、「後見等開始の審判」の申立てを行なうことが必要です。

申立てができるのは、本人、その配偶者、四親等内の親族(25頁の図表1-1参照)と検察官などです。

加えて、すでに保佐や補助を受けている人の精神上の障害の程度が進行し後見に移行したり、保佐を受けていた人の障害が軽快して補助に移行したり、他の類型に移ろうとする場合には、成年後見人・成年後見監督人、保佐人・保佐監督人、補助人・補助監督人が申し立てることもできます。

▽**市町村長による申立ても可能になった**

また、本人に配偶者や四親等内の親族などの身寄りがいなかったり、いても音信不通の状況にあって、本人が助けが必要であるにもかかわらず申立てが行なわれる可能性が低いといったケースでは、市町村長が申立てを行なうことができるようになりました。

実際には、民生委員や福祉関係者などから福祉事務所や保健所などに寄せられた情報に基づいて、市町村の福祉部門の職員が申立ての事務を行なうといった形になります。

申立ては書面でなされるのが通常で、申立人が各家庭裁判所に用意された所定の用紙（**後見開始申立書**＝様式1-1参照、**保佐開始申立書**」「**補助開始申立書**」）に必要事項を記載して行なわれます。「成年後見人等」の候補者がいる場合は、記載しておきます。申立人が候補者になることもできます。

なお、法律に詳しくないといったことで、自分一人で申立てや手続きをすることに不安を感じる場合は、弁護士や司法書士などの専門家に相談するのが現実的だと思います。

▽ **制度の違いによる注意点は**

この際、「後見」「保佐」「補助」の制度の違いによって（Q5〜7参照）、次のよう

な点に注意が必要です。

(1) **後見の場合**

保佐や補助の場合と違い、別個に代理権付与または同意権付与の審判の申立てをする必要がないので、後見開始の審判を求めるだけで十分です。

(2) **保佐の場合**

基本的には保佐開始の審判を求めるだけでよいのですが、代理権付与の審判や同意権の追加的付与を求める場合には、どのような法律行為について求めるのかを明らかにする必要があります。

(3) **補助の場合**

代理権付与の審判を求めるのか、同意権付与の審判を求めるのか、その両方とも求めるのかについて、また、代理権付与や同意権付与を求めるのならどのような法律行為について求めるのかを明らかにしなければなりません。

さらに、後見、保佐、補助いずれの申立てにおいても、申立書に加えて図表1-10に示した書類を一緒に提出する必要があります。場合によっては、「**申立事情説明書**」や「**後見人等候補者事情説明書**」といった、図表には掲げていない書類の提出を求められることもあります。

58

図表1-10　後見、保佐、補助の申立書とともに提出する書類

(1) 本人の戸籍謄本、戸籍附票、登記事項証明書（または、登記されていないことの証明書）【注】、診断書
(2) 申立人の戸籍謄本（本人以外が申し立てるとき）
(3) 成年後見人等の候補者がいる場合は、その戸籍謄本、住民票（世帯全部、省略のないもの）、身分証明書（証明の対象者の本籍地を管轄する市区町村長が発行する、破産宣告を受けていない旨の証明書）、登記事項証明書（または、登記されていないことの証明書）【注】

【注】法務局の発行する、後見開始の審判などを受けていないか、あるいはすでに受けているかについての証明書のこと。第3章の「成年後見登記制度」の解説参照。

このうちの診断書については、家庭裁判所で用意している「成年後見用診断書」（73頁の様式1-3参照）があります。これを使うことが望まれますが、後見と保佐の場合はこの後、本人に対する「鑑定」が行なわれるため、申立ての段階では通常の診断書を提出してもかまいません（詳細はQ19参照）。

[様式1-1]

受付印		後 見 開 始 申 立 書
		(この欄に収入印紙800円をはる。)
収 入 印 紙　　　　円 予納郵便切手　　　　円 予納登記印紙　　　　円		(はった印紙に押印しないでください。)

準口頭		関連事件番号　平成　　年(家　　)第　　　　　　号

××家庭裁判所 御中 平成×年×月×日	申立人の 署名押印 又は記名押印	中田 伸二　㊞(中田)

添付書類	申立人の戸籍謄本　　通 (本人以外が申し立てるとき。) 本人の戸籍謄本　　通，戸籍附票　　通，登記事項証明書　　通，診断書　　通 成年後見人候補者の戸籍謄本　　通，住民票　　通，身分証明書　　通，登記事項証明書　　通

申　立　人	本　籍	××都道㊙府県　××市××町×番地
	住　所	〒×××-×××× 　　　　　　　　　　　　　　　　　　　電話 ××県××市××町×丁目×番×号　　(　　　方)
	フリガナ 氏　名	ナカタ　シンジ 中田　伸二	大正 ㊩昭和　×年×月×日生
	職　業	会社員
	本人との関係	※　1 本人　2 配偶者　③ 四親等内の親族 (　子　) 4 未成年後見人・未成年後見監督人　5 保佐人・保佐監督人　6 補助人・補助監督人 7 任意後見受任者・任意後見人・任意後見監督人　8 その他(　　　)

本　人	本　籍	都道府県　申立人の本籍地と同じ
	住　所	〒×××-×××× 　　　　　　　　　　　　　　電話 ××××(××)×××× ××県××市××町×番地の×　××病院内　(　　　方)
	フリガナ 氏　名	ナカタ　シュンスケ 中田　俊輔	明治 ㊩大正 昭和　×年×月×日生
	職　業	無職

(注)　太わくの中だけ記入してください。　※の部分は当てはまる番号を○で囲み，3又は8を選んだ場合には，(　　)内に具体的に記入してください。

後見 (1/2)

申　立　て　の　趣　旨
本人について後見を開始するとの審判を求める。

申　立　て　の　実　情
(申立ての理由、本人の生活状況などを具体的に記入してください。)

1　本人は、平成×年×月より、アルツハイマー型認知症で、××病院に入院しているものの、回復の見込みはなく日常の買物も一人ではできない状態である。

2　昨年×月に本人の兄が死亡し、遺産分割の必要が生じたことから本件を申し立てるものである。申立て人は遠方に居住しているため、現在、本人の身の回りの世話をしているいとこの子である　中村英寿　を成年後見人に選任してもらいたい。

任意後見人候補者 適当な人がいる場合に記載してください。	住　所	〒×××-×××× ××県××市××町×丁目×番×号	電話　××××(××)×××× （　　　　方）	
	フリガナ 氏　名	ナカムラ　ヒデトシ 中村　英寿	大正 昭和　×年×月×日生	
	職　業	公務員	本人との関係	いとこの子
	勤務先	××県××市××町×番地 ××中学校	電話　××××(××)××××	

(注)　太わくの中だけ記入してください。

後見 (2/2)

[様式1-2]

申　立　書　付　票（本人以外の申立用）
（後見開始、保佐開始、補助開始、任意後見監督人選任）

　これは申立書を補うものですから、申立書と一緒に提出してください。当てはまる番号又は記号を○で囲んでください。また、空欄には自由に記入してください。なお、わからなければ記入しなくてもかまいません。

1　この申立ての内容に関して、これまでに家庭裁判所を利用したことがありますか。
　　1　ない。
　　2　ある。
　　　それはいつごろですか。
　　　　　平成＿＿＿＿年＿＿＿＿月　頃
　　　どこの家庭裁判所ですか。
　　　　　＿＿＿＿＿＿＿＿家庭裁判所＿＿＿＿＿＿＿＿＿＿支部・出張所
　　　申立てをした人の氏名
　　　　　氏名＿＿＿＿＿＿＿＿＿＿＿＿＿＿＿＿＿
　　　事件番号（ご知知であれば記入してください。）
　　　　　平成＿＿＿＿年（家）第＿＿＿＿＿＿＿＿号
　　　事件名
　　　　　後見開始・保佐開始・補助開始・任意後見監督人選任・その他（　　　　　　）

2　この申立てをすることを本人は知っていますか。
　　1　知っている。
　　　同意の有無
　　　　ア　本人は申立てのとおりの審判がされることに同意している。
　　　　イ　本人は申立てのとおりの審判がされることに同意していない。
　　　　ウ　本人が申立てのとおりの審判がされることに同意しているかどうかは分からない。
　　2　知らない。
　　　その理由
　　　　ア　本人が理解できる状態でないため
　　　　イ　本人は理解できる状態であるが、本人に不安を与えるなどの影響を考えたため。
　　　　ウ　本人が申立てに反対しているため。
　　　　エ　その他（　　　　　　　　　　　　　　　　　　　　　　　　　　）

3　本人の判断能力はどのような状態ですか。
　　1　一人で日常生活をするのに問題はないが、重要な財産行為（不動産、自動車などの売買、
　　　自宅の増改築、金銭の貸し借りなど）については、だれかが代わりにやる方がよい。
　　2　一人で日常の買い物などはできるが、重要な財産行為（不動産、自動車などの売買、自宅
　　　の増改築、金銭の貸し借りなど）は自分ではできない。
　　3　一人で日常の買い物などをすることができない。

　　本人の状態（認知症の程度など）について具体的に記入してください。

　　--
　　--
　　--
　　--

1

4 本人の生活状況はどのような状態ですか。
　1 自宅で一人で生活している。
　　　介護の有無
　　　　ア　家族が訪問するなどして介護している。
　　　　イ　介護サービスを受けている（要支援状態・要介護状態区分　1・2・3・4・5）。
　　　　ウ　特に介護を受けていない。
　2 自宅又は家族の住居で家族と一緒に生活している。
　3 老人ホームなどの施設に入所している。
　　　施設名　_____

　　　連絡先　〒_____-_____　　　電話_____(　　)_____
　　　　　　　_____

　4 病院、療養所などに入所している。
　　　病院名　_____

　　　連絡先　〒_____-_____　　　電話_____(　　)_____

5 本人の資産、収入などについて分かる範囲で記入してください（不動産については登記簿謄本の表示を、預貯金については銀行等の名称、口座番号などを記入してください。）
　1 不動産（土地・建物）
　　--
　　--
　　--

　2 預貯金
　　--
　　--
　　--

　3 株式
　　--
　　--

　4 収入・年金
　　　収入　月額_____円　　　年金　月額_____円
　　　（賞与　　_____円）

　5 負債（借金）
　　--

　6 その他
　　--

6 成年後見人、保佐人又は補助人の候補者は、この申立てについて知っていますか。
 1 知っている。
  候補者の承諾の有無
   ア 選任されることを承諾している。
   イ 選任されることを承諾していない。
 2 知らない。
  理由

  ----

7 成年後見人、保佐人又は補助人の候補者に対する本人の意向はどうですか。
 1 候補者が選任されることに賛成している。
 2 候補者が選任されることに反対している。
 3 意向がわからない(理解できない場合を含む。)。

8 この申立てに反対している人がいるなど、家庭裁判所に特に注意してほしいことなどがあれば
 記入してください。

あなたの平日昼間の連絡先
(勤め先、仕事場など)

　　　　　　　　　　　　　　　　　　　　　　　電話　　　　(　　　)

記入年月日及びあなたの氏名
　平成　　　　年　　　　月　　　　日　　　氏　名

Q17 「法定後見制度」を利用するための手続きにかかる日数は

法定後見制度を利用して「後見」「保佐」「補助」を受けるための手続きにかかる日数は、どのくらいですか

A ▽申立てから後見等開始までおおむね四か月以内

「後見」「保佐」「補助」を受けるために「後見等開始の審判」の申立てが行なわれると、おおむね次のように手続きが進行します（図表1-11参照）。

(1) 聴取

家庭裁判所調査官が申立人から、申立てに至った事情、本人の生活状況、判断能力や財産状況、親族らの意向について事実関係を確認します。また、後見人等の候補者がいる場合はその候補者にも、適格かどうかの判断のために事情の確認を行ないます。

(2) 鑑定

後見と保佐の場合には、本人の判断能力がどの程度なのか、医学的に判定をするための手続きを取ります。補助では行なわれません。

(3) 親族への意向照会

親族に対して書面で申立ての概要や後見人等の候補者を伝え、その意向を確認します。

(4) 本人調査（面接）

本人の意思を尊重するため、可能であれば申立ての内容について本人の意思を確認します。また、保佐および補助で代理権を付与する場合は本人の同意が必要なので、同意の確認も行なわれます。

本人調査は通常、家庭裁判所で行なわれますが、本人が入院しているなどして外出が困難な場合は、担当者が入院先などに出向くことになります。

(5) 審理、審判、審判確定

以上のような調査や鑑定の結果などを家事審判官が総合的に検討、判断して、結論を出します。

こうした一連の手続きにかかる日数は、個々の事案によって異なりますが、多くの場合、申立てから後見等の開始までの期間は、四か月以内と言われています。後見や保佐では鑑定が早くなされれば期間は短縮されますし、元々、鑑定の必要のない補助では、一〜二か月ということも珍しくありません。

66

図表1-11　標準的な審理の流れと期間

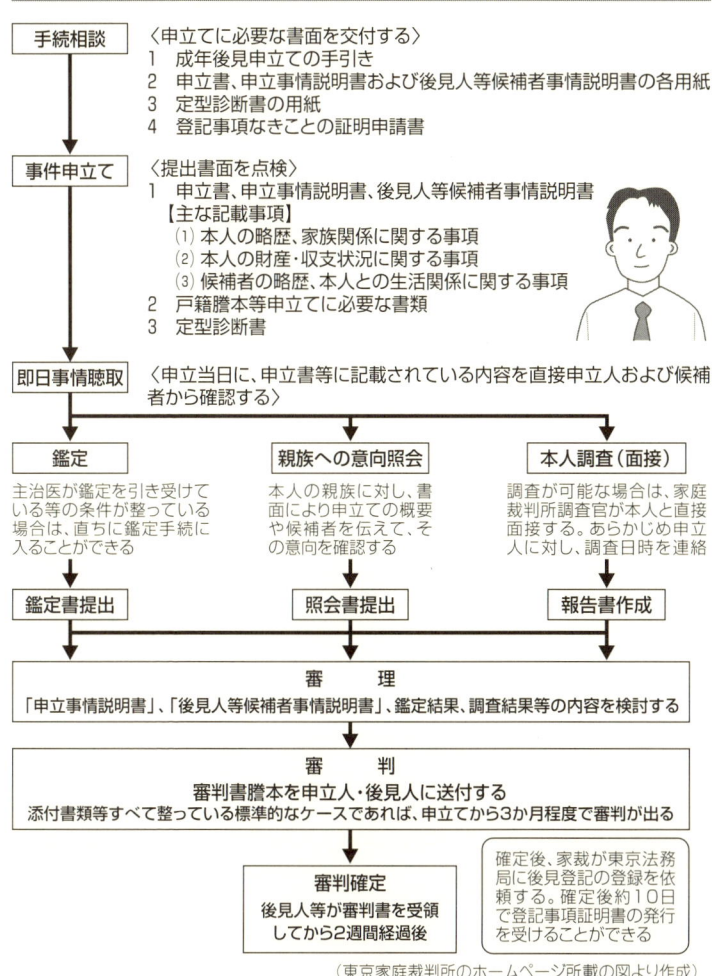

手続相談
〈申立てに必要な書面を交付する〉
1. 成年後見申立ての手引き
2. 申立書、申立事情説明書および後見人等候補者事情説明書の各用紙
3. 定型診断書の用紙
4. 登記事項なきことの証明申請書

↓

事件申立て
〈提出書面を点検〉
1. 申立書、申立事情説明書、後見人等候補者事情説明書
   【主な記載事項】
   (1) 本人の略歴、家族関係に関する事項
   (2) 本人の財産・収支状況に関する事項
   (3) 候補者の略歴、本人との生活関係に関する事項
2. 戸籍謄本等申立てに必要な書類
3. 定型診断書

↓

即日事情聴取
〈申立当日に、申立書等に記載されている内容を直接申立人および候補者から確認する〉

↓

鑑定	親族への意向照会	本人調査（面接）
主治医が鑑定を引き受けている等の条件が整っている場合は、直ちに鑑定手続に入ることができる	本人の親族に対し、書面により申立ての概要や候補者を伝えて、その意向を確認する	調査が可能な場合は、家庭裁判所調査官が本人と直接面接する。あらかじめ申立人に対し、調査日時を連絡
↓	↓	↓
鑑定書提出	照会書提出	報告書作成

↓

審　理
「申立事情説明書」、「後見人等候補者事情説明書」、鑑定結果、調査結果等の内容を検討する

↓

審　判
審判書謄本を申立人・後見人に送付する
添付書類等すべて整っている標準的なケースであれば、申立てから3か月程度で審判が出る

↓

審判確定
後見人等が審判書を受領してから2週間経過後

確定後、家裁が東京法務局に後見登記の登録を依頼する。確定後約10日で登記事項証明書の発行を受けることができる

（東京家庭裁判所のホームページ所載の図より作成）

Q18 「法定後見制度」を利用するための手続きにかかる費用は

法定後見制度を利用して「後見」「保佐」「補助」を受けるための手続きには、どんな費用がどのくらいかかりますか

A

▽申立てにかかる費用が必要

「後見」「保佐」「補助」を受けるための「後見等開始の審判」の申立てなどを行なうには、図表1-12のような費用がかかります。

(1)の「申立手数料」についてですが、八〇〇円というのはあくまで一つの審判申立てにかかる費用です。保佐開始の審判申立ての際に、保佐人に代理権を付与する審判または保佐人の同意を得ることを要する行為を追加する審判を行なったり、また補助開始の審判と同時に行なう補助人に同意権または代理権を付与する審判の申立てについては、それぞれの申立てにつき別途八〇〇円の収入印紙が必要になります。

▽費用は本人が負担するのが原則

こうした申立ての費用については、本人が申し立てた場合はもちろん本人が負担します。一方、本人以外が申し立てた場合には、申立時には申立人が負担し、申立てが

図表1-12　「後見等開始の審判」の申立てにかかる費用

(1) 申立手数料（収入印紙）800円
(2) 登記手数料（登記印紙）4000円
(3) 連絡用の郵便切手（家庭裁判所によって異なる）東京家庭裁判所の場合で4300円
(4) 鑑定料（後見と保佐の場合）個々の事案によって異なるが5万〜10万円程度。予定額を家庭裁判所に納めておき、精算する
(5) 申立てのために必要な戸籍謄本、登記事項証明書、診断書などの書類を入手するための費用

認められた段階で本人に請求するのが原則ですが、本人の判断能力がしっかりしていて、本人の依頼を受けて申立人が申し立てたような場合には、最初から本人が負担することもあるでしょう。

資力の乏しい人については、「**民事法律扶助**」という制度があり、申立代理人費用の扶助などを受けられる場合もありますので、「法律扶助協会」に問い合わせてみたらいいと思います（電話＝〇三―三五八一―六九四一）。なお、平成18年10月からは、運営主体が「日本司法支援センター」に変更されますので、連絡先も変更になります。

Q19 本人の判断能力の判定をどうするか

法定後見制度において、「後見」「保佐」「補助」のどの制度を利用するかは、どうやって決めたらいいですか

A

▽**本人の精神上の障害の程度の目安は**

法定後見制度では、本人の精神上の障害の程度などによって、次の三つの制度が用意されています（詳細はQ5〜7参照）。

(1) 「後見」の場合

重度の痴呆が進むなどして、日常の買い物なども一人ではできない程度に判断能力が低下しており、時には正常な判断能力があるように思えても、基本的には**判断能力がほとんどないと思われる人**のための制度です。

(2) 「保佐」の場合

本人が自覚しないような物忘れがしばしばあったりして、日常の買い物などは一人

ですることができるけれど、不動産や自動車の売買といった「重要な行為」については一人で行なうことができないと思われるような人のための制度です。

(3) 「補助」の場合

物忘れなどもするが、本人にもその自覚があり、日常の買い物などはもちろんのこと、不動産や自動車の売買といった「重要な行為」についても一人で行なうことができるかもしれないが、心配があるので誰かの援助があったほうがよいと思われるような人のための制度です。

▽ **医師の診断で判断する**

そうはいっても、本人の判断能力がどの程度あるのかについて正確に把握するのはむずかしく、いざ法定後見制度を利用しようと考えても、後見、保佐、補助のどの制度を利用するべきか迷うことも出てくるでしょう。

法定後見制度を利用する際には、基本的には本人のかかりつけ医か精神疾患の診療をする医師の診断を受ける必要があります。そのうえで、診断書を参考にしてどの制度を利用するかを判断し、該当する制度について「申立て」を行ないます。申立てに際しては、医師による診断書（「成年後見用診断書」＝様式1-3参照＝が望ましい）の

提出が必要になります。

その後、家庭裁判所で「鑑定」が行なわれ、申し立てた制度と異なる制度を利用すべきだという結果が出た場合は、「**申立ての趣旨の変更**」という手続きをすればいいのです。

この際、新たに申立てを行なうのではないので、新たな費用は発生しません。ただし、利用する制度を変更することによって、新たに代理権付与や同意権付与を求めるような場合には、申立て手数料が別途必要になります（詳細はQ18参照）。

家庭裁判所が行なう「鑑定」というのは、後見等の制度を利用しようとする本人の判断能力がどの程度あるのかを、医学的に判定するための手続きです。補助では原則として鑑定は必要ありませんが、後見開始や保佐開始の審判では欠かせません。

鑑定手続きは、申立時に申立人から提出された診断書とは別に、家庭裁判所が医師に鑑定を依頼する形で行なわれますが、鑑定人は原則として申立人が確保することになっています。

したがって申立人は、医師に申立てのための診断書を依頼する機会などに、鑑定を引き受けてもらえるかどうか、また鑑定費用についての意向などを確認しておくとよいでしょう。

[様式1-3]

(家庭裁判所提出用)
※ この診断書の記入要領については、最寄りの家庭裁判所にお問い合わせください。

診 断 書 (成年後見用)

1 氏名　　遠藤　満男　　　　　　　　　　　　　　㊚・女
　　生年月日　M・Ⓣ・S・H × 年 × 月 × 日生　（× 歳）
　　住所　　××市××町×丁目×番×号

2 医学的診断
　　診断名
　　　　認知症、うつ病、脳梗塞後遺症
　　所見（現病歴、現在症、重症度、現在の精神状態と関連する既往
　　　　症・合併症など）
　　　平成×年×月、うつ病発症、平成×年×月　脳梗塞発症し、以後ADL
　　　低下し車イスレベルにて××病院より紹介受診（平成×年×月）、
　　　うつ傾向強く発語少ない。抗うつ薬内服加療中。
　　備考（診断が未確定のときの今後の見通し、必要な検査など）

3 判断能力判定についての意見（下記のいずれかをチェックするか、
　（意見）欄に記載する）
　☐ 自己の財産を管理・処分することができない
　☑ 自己の財産を管理・処分するには、常に援助が必要である。
　☐ 自己の財産を管理・処分するには、援助が必要な場合がある。
　☐ 自己の財産を単独で管理・処分することができる
（意見）

　判定の根拠（検査所見・説明）
　　　HDS-R5点と高度痴呆あり。判断能力の
　　　著しい低下が考えられるため。
　備考（本人以外の情報提供者など）

以上のとおり診断します。　　　　　平成 × 年 × 月 × 日
　病院又は診断書の名称・所在地　　××市××町×番地
　担当診療科名　　　　　　　　　　××クリニック
　担当医師名　　福　西　保　仁　　　　　　㊞㊷

Q20 本人の判断能力が変化したらどうするか

法定後見制度を利用していて、本人の判断能力がさらに悪化したり、反対に回復したりした場合はどうしたらいいですか

A

▽障害の程度の変化に応じた対応が必要

後見等の開始の審判がなされ、「補助」「保佐」「後見」いずれかを利用しているとき、本人の障害の程度が変わってしまうことも考えられます。そうした場合、何もしなくとも本人の障害の程度に応じた制度に変更されるわけではなく、新たな対応をする必要があります。

(1) 障害の程度が進行した場合

たとえば、「補助開始」の審判を受けた後で障害の程度が進んでしまったら、新たに「保佐開始」あるいは「後見開始」の申立てをしないと、本人の判断能力に見合った保護・支援を受けることはできません。

そのためには、**本人、その配偶者、四親等内の親族**（詳細は25頁の図表1-1参照）、補助人、補助監督人等が申立てをする必要があります。それによって家庭裁判所が

「保佐開始」あるいは「後見開始」の審判を行ない、**「審判相互の調整規定」**というものに基づいて、職権でそれまでの「補助開始の審判の取消」を行ないます。「保佐」から「後見」へ変更する場合も、同様の流れです。

(2) 障害の程度が回復した場合

一方、「補助開始」の審判を受けた後で障害の程度が回復した場合は、「補助開始の審判の取消」を申し立てることで、家庭裁判所は取り消してくれます。

しかし、「後見開始」の審判を受けた後で回復した場合は、それだけでは自動的に「保佐」や「補助」に移行できるわけではありません。回復の程度に合わせて「保佐開始」あるいは「補助開始」の申立てをする必要があります。それによって「保佐開始」あるいは「補助開始」の審判が行なわれると、それまでの後見開始の審判は取り消されます。「保佐」から「補助」へ変更する場合も同様です。

「後見」「保佐」「補助」のいずれも、開始の申立てだけでは補助人の仕事は始まらないので、代理権もしくは同意権（あるいは双方の）付与の審判申立てをすることも必要です（詳細はQ7、16参照）。

Q21 「法定後見制度」における被後見人等の不利益は

法定後見制度を利用する場合、「被後見人」「被保佐人」「被補助人」にとって不利益なことはありますか

A

▽まだ残る「資格制限」

以前の「禁治産」「準禁治産」の制度では、禁治産者と準禁治産者に対して「資格制限の規定」（欠格条項）というものが設けられていました。このことによって、両制度が利用者を社会から排除するものだという誤解を与え、利用をためらわせる原因の一つになっていたという声もありました。

そこで、高齢者や障害者も地域のなかで健常者と同じように生活できることが当たり前な社会をつくろうという「ノーマライゼーション」の考え方に基づく新制度では、できるだけそうした制限を少なくしようとされました。

そのため、たとえば会社の清算人や公証人など、裁判所や行政機関によって選任、任命される資格に対する制限はなくなりましたが、結果として図表1-13のような制限がまだ残っています。

図表1-13　被後見人等が制限を受ける権利や資格

(1) 参政権
- 被後見人＝選挙権、被選挙権を失う
- 被保佐人、被補助人＝制限は受けない

(2) 資格制限
- 被後見人、被保佐人＝弁護士、弁理士、司法書士、行政書士、公認会計士、税理士、医師、歯科医師、薬剤師、建築家、社会福祉士、介護福祉士、精神保健福祉士、教員
- 被補助人＝制限は受けない

(3) 営業制限
- 被後見人、被保佐人＝風俗営業、古物営業、警備業、一般労働者派遣業、投資顧問業、薬局、旅行業の免許を受けたり、登録することはできない
- 被補助人＝制限は受けない

その他にも、後見が開始されると、被後見人は印鑑登録が抹消され、会社役員であれば、その地位も失います。

また、保佐が開始されると、保佐人は会社役員であれば、その地位を失います。

Column　まだまだ少ない成年後見制度の利用

　誰しも自分の老後には不安をもっているものです。まず、健康でいられるのか。贅沢はしないまでも心豊かに暮らしていけるのか。自分だけでなく、配偶者や家族に不自由させずにすむのか……。

　そんな心配をさらに深刻にするのが、体の健康だけでなく、頭の健康、つまりいろんなことに対する正しい判断能力を保ち続けられるかということです。

　現に急速に進む高齢化のなかで、判断能力が不十分になった独り暮らしのお年寄りなどが、リフォーム詐欺や消費者金融のトラブルに巻き込まれることが増えています。

　少しでもそうしたことを減らそうと導入された成年後見制度ですが、実際に使われるケースはまだまだ少ないようです。最高裁判所の発表によると、成年後見関係の申立て件数は年間で１万7000件程度。年々件数は伸びているものの、制度導入時から五年間の累計で7万件程度でしかありません。

　このように、制度を利用されることがまだ少ない理由としては、制度自体が知られていないことが大きいのですが、申立てのための費用や手続きの負担が、利用を妨げている面もあるようです。

　折角導入された制度なのですから、国や自治体は制度の存在をもっとアピールし、手続きを簡素化するなど使い勝手をよくして、大いに活用されるようにしてほしいものです。

第2章 任意後見制度

成年後見編

Q22 任意後見制度とはどんな制度か

任意後見制度の内容はどんなものですか。法定後見制度とはどう違いますか

A ▽将来に備えて準備しておく制度

認知症（以前は痴呆症と呼ばれていました）や知的障害、精神障害などの理由で判断能力が不十分な成人を対象にして、その人が日常生活を送るうえで不利益を被らないよう、判断能力を伴う行為について法的に保護し支援するために導入されたのが「成年後見制度」です。成年後見制度には、大きく分けて「法定後見」（詳細は第1章参照）と「任意後見」の二つの制度があります。

このうちの「任意後見制度」というのは、本人に十分な判断能力があるうちに、自分が将来、判断能力が不十分な状態になったときに備えて、あらかじめ当事者間の契約によって将来の「任意後見人」を選び、自分に代わってしてほしい判断業務を託しておく制度です（任意後見契約法三条参照）。

具体的には、自らが選んだ将来の任意後見人に対して、自分が判断能力が不十分に

なったときの「生活、療養看護や財産管理に関する事務」（「後見事務」）について、自分に代わって行なう権利＝「代理権」を与える（「付与」する）という契約（「任意後見契約」＝詳細はQ26）を結びます。契約は、「公証人」の作成する「公正証書」で結んでおくことが必要です。

▽ **保護・支援してくれる人や内容をあらかじめ自己決定できる**

任意後見制度と法定後見制度の違いは、①後見人等の選任や後見等の内容の決定を、本人が行なう（任意後見制度）か、法律によって定められたことに従うか（法定後見制度）、②本人を保護・支援する方法として、「代理権」のみとする（任意後見制度）か、「同意権」や「取消権」まで与えるか（法定後見制度）といった点です。

任意後見人は、本人の判断能力が低下した後に、任意後見契約で定められた事務について本人を代理して行ない、本人の意思に沿った適切な保護・支援を行ないます。

また、任意後見人の職務が契約どおり行なわれているかについては、家庭裁判所が選任する「任意後見監督人」が監督することになっており、**任意後見監督人**が選任されてからでないと、任意後見契約の内容は効力をもたないことになっています。ちなみに、任意後見監督人が選任されて契約の効力が生まれるまでは、「任意後見人」は「任意後見受任者」と呼ばれます。

図表2-1　任意後見制度の内容

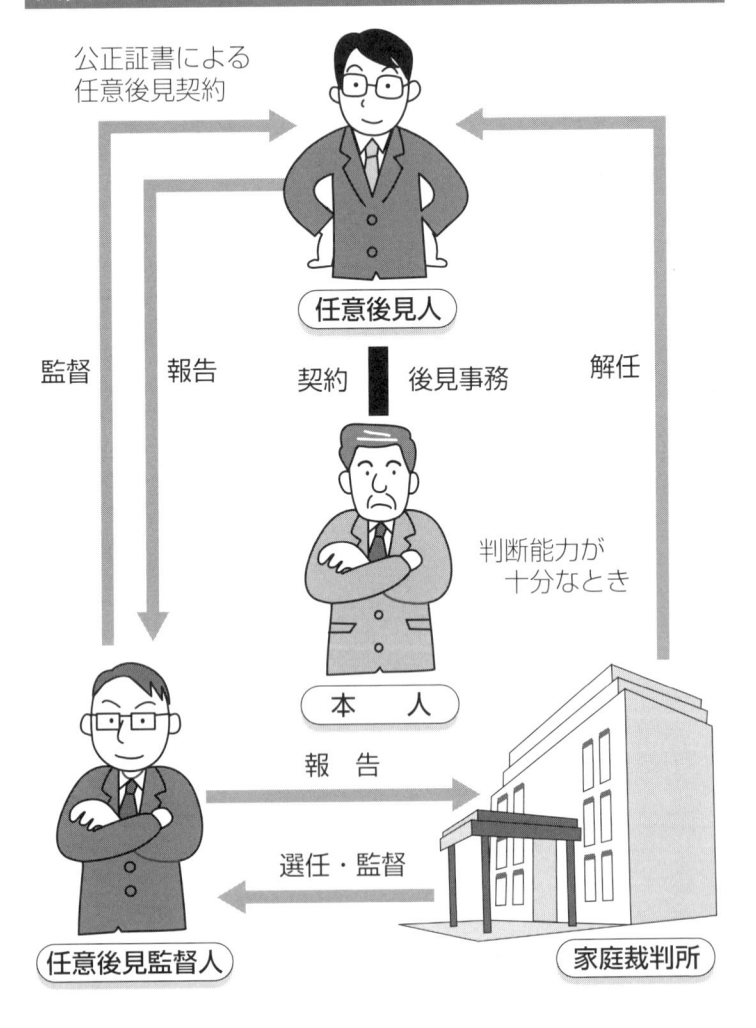

公正証書による
任意後見契約

任意後見人

監督　報告　契約　後見事務　解任

判断能力が
十分なとき

本　人

報　告

選任・監督

任意後見監督人　　家庭裁判所

Q23 「任意後見」と類似の制度とはどこが違うのか

任意後見制度は、民法上の「委任契約」とはどこがどんなふうに異なるのでしょうか

A

▽ 違いを押さえて使い分けることが必要

任意後見制度が導入される以前から、心身に障害のある人などの財産管理や生活支援のために、その事務の全部または一部について「代理権」を与える人を選び、その人に任せる契約を結ぶケースは多く見られていました。

たとえば、自治体やその委託を受けた社会福祉協議会、弁護士会などが行なってきた「財産保全・管理サービス」などというのもそうです。任意後見制度が導入された現在でも、そうした民法上の制度を使うことができますが、両者には次のような違いがあり、そのことを押さえて使い分けることが必要です。

▽ 契約の実行される時点が異なる

まず、一番大きな違いとなるのは事務を開始する時点です。任意後見の場合には、本人の判断能力が不十分になった時点で契約が実行されますが、民法上の「委任契約」

の場合には、本人の判断能力の状態にかかわらず、開始時点を自由に決めることができます。つまり、「委任契約」は身体の不自由な人を対象としています。

また、任意後見の場合には、「任意後見人」に対して「任意後見監督人」という公的な監督がつくことで安心感がありますし、契約が「公正証書」で行なわれ、「登記」（詳細は第3章参照）もなされるため、社会的な信用度も高くなっています。

ただし、任意後見人に加えて任意後見監督人にも報酬を支払う必要があり、手続きのための手間や費用の負担が少し多いということがあります。

一方、民法上の「委任契約」の場合には、契約内容を公正証書にする必要もありませんし、報酬も代理人に支払うだけでよく、任意後見に比べて少し安価で簡便に利用できると言えます。

また、任意後見では任意後見監督人を選ぶ段階で、本人の判断能力の低下という事実がオープンになってしまいますが、委任契約ではそんなことはありません。

いずれにしても、両制度は車の両輪のようなものなので、同時に契約を結んでおくことが望ましいと思います（Q24の(3)参照）。

84

Q24 任意後見制度をどう利用するか

任意後見制度の内容を活かして、実際に利用する際にはどんなやり方がありますか

A

▽ **大きく三つのパターンが考えられる**

実際に任意後見制度を利用する場合、本人の状況によって、次のような利用のしかたがあると思われます。

(1) 将来型

本来の法律の趣旨にのっとって、本人が判断能力が十分な段階で、「**任意後見受任者**」と「**任意後見契約**」を結んでおくものです。将来、本人の判断能力が不十分になった段階で「**任意後見監督人**」を選任し、契約が効力をもちます。

高齢で身寄りのいない夫婦が、判断能力がしっかりしているうちに将来の生活設計をして、それを実現する助けとして任意後見を利用するようなケースです。任意後見契約の公正証書に、「任意後見監督人が選任されたときから契約の効力が生ずる」旨を記載しておきます。

(2) 即効型

任意後見契約を結んだすぐ後に「**任意後見監督人選任の申立て**」を行なうことで、当初から任意後見人の保護・支援を受けるものです。

すでに軽度の精神上の障害があって、法定後見の「補助」や「保佐」の対象（詳細はQ7、6参照）となる人たちも、契約を結ぶ判断能力があると認められれば任意後見契約を結ぶことが可能です。判断能力が十分なうちに将来に備えるというより、「自分の判断能力に衰えを感じ始めた段階」で、法定後見より任意後見を選択して利用したりするケースです。

(3) 移行型

民法上の「委任契約」と任意後見契約をともに結んでおき、本人の判断能力が十分なときには代理人に財産管理をしてもらい、判断能力が落ちてきた段階で任意後見監督人を選任して、任意後見をスタートさせるというものです。

委任の受任者と任意後見受任者を同じにしておき、「任意後見監督人が選任されたら委任契約は終了する」旨を定めておけば、円滑に移行が進みます。両方の契約を同じ「**公正証書**」で結ぶことができます。

Q25 任意後見制度を利用するための手続きは

任意後見制度を利用するには、どんな手続きをすればいいのですか

A ▽「任意後見契約」を結ぶことが必要

二〇〇〇年に「任意後見制度」が導入される前にも、ほぼ同じ趣旨の「委任契約」という民法上の制度が存在しました。つまり、本人が選んだ「代理人」と本人との間で、本人の「生活、療養看護や財産管理に関する事務」について「代理権」を与える（「付与」する）ことを約束するものです。

しかし、これらの民法上の委任契約の場合、あくまで十分な判断能力をもった人が、自らの責任で利用することが前提となっており、本人の判断能力が低下した後、代理人を監督する枠組みがありませんでした。そのため、代理人が権限を濫用する危険性もあって、本人の保護にむずかしい面があったことは否めません。

そこで、本人の判断能力の低下を想定して結ばれる任意後見制度では、そうした不安を軽減するために、利用にあたっては図表2-2にあるような三つの要件を満たす

図表2-2 「任意後見契約」の要件

(1) 本人に対する「後見事務」の全部または一部を委任する内容であること
(2) 「任意後見監督人」が選ばれたときから契約の効力が発生するという特約が含まれていること
(3) 契約書は「公正証書」によること

「任意後見契約」(詳細はQ26、28参照)を結ぶことが必要になっています。

どういうことかと言うと、契約にあたっては、本人の利益に反した内容にならないように、「公証人」が関与してチェックします。原則として本人が直接、公証人に面会して依頼しなければなりません。本人の健康上の理由で公証役場に出向けない場合は、公証人に出張してもらうことになります。

また、本人の判断能力が低下して支援が必要になってから、実際に契約した内容が任意後見人によって正しく行なわれているかについては、本人に代わって「任意後見監督人」が必ず監督するよう、

家庭裁判所が任意後見監督人を選任してからでなければ、契約の効力が発生しないことになっているのです。

ちなみに、任意後見監督人が選任されて契約の効力が生まれるまでは、任意後見人は「任意後見受任者」と呼ばれます。

▽**利用のための二段階の流れ**

つまり、任意後見制度を利用する手続きとしては、①本人が任意後見契約を結び、実際に本人の判断能力が低下したら、②**本人、その配偶者、四親等内の親族**（25頁の図表1-1参照）、**任意後見受任者**が、本人の住所地を管轄する家庭裁判所に「任意後見監督人選任の審判申立て」を行なうという二段階の流れになります（図表2-3参照）。

こうして、家庭裁判所が任意後見監督人を選任した時点で、任意後見人の代理権が効力をもちます。

図表2-3　任意後見制度利用の流れ

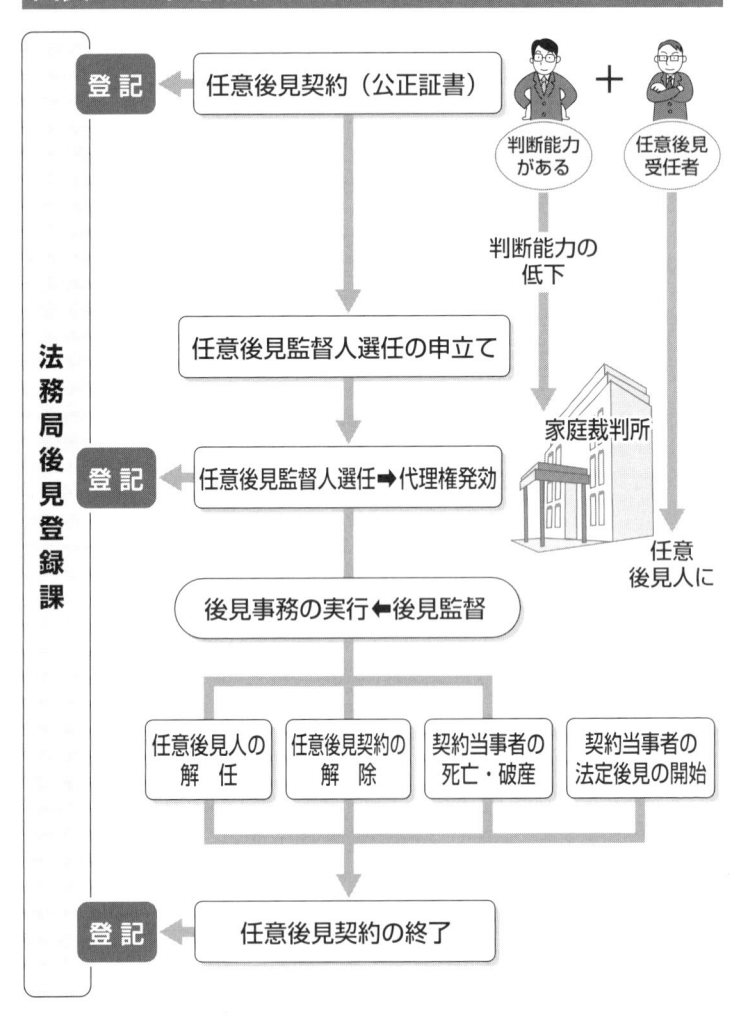

法務局後見登録課

- 登記 → 任意後見契約（公正証書）
  - 判断能力がある ＋ 任意後見受任者
  - 判断能力の低下 → 家庭裁判所
- ↓
- 任意後見監督人選任の申立て
- ↓
- 登記 → 任意後見監督人選任 ➡ 代理権発効
  - → 任意後見人に
- ↓
- 後見事務の実行 ← 後見監督
- ↓
  - 任意後見人の解任
  - 任意後見契約の解除
  - 契約当事者の死亡・破産
  - 契約当事者の法定後見の開始
- ↓
- 登記 ← 任意後見契約の終了

Q26 「任意後見契約」とはどんなものか

任意後見制度を利用するために行なう「任意後見契約」の内容は、どんなものですか

A　▽**法律の趣旨に反しなければ内容は自由に決められる**

「任意後見契約」は、本人が選んだ「任意後見受任者」と本人との間で、本人の判断能力が不十分になったときの「生活、療養看護や財産管理に関する事務」について「代理権」を与える（「付与」する）ことを約束するもので、「公証人」の作成する「公正証書」で結んでおくことが必要です。

任意後見契約は当事者間の契約ですから、法律の趣旨に反しない限り、当事者双方の合意があれば自由にその内容を決めることができます。

▽**一般的に盛り込まれる三つの事項**

一般的に盛り込まれるのは、主として次の三つの事項に関する内容になります。

(1) **任意後見契約として成立するための事項**

① 「任意後見契約に関する法律」に基づく契約であること

② 委任者が「精神上の障害によって判断能力が不十分な状況」になった場合の事務の委託であること

③ 「任意後見監督人」が選ばれたときから契約の効力が発生するということ

④ 次の委任する事務の内容について、受任者に代理権を与えること

(2) **委任する事務の内容に関する事項**

法律上では、預貯金の管理や払戻し、不動産その他重要な財産の処分、遺産分割といった「財産管理」に関する法律行為と、介護契約、施設入所契約、医療契約の締結といった「身上監護」（「生活、療養看護」）ですが、基本的に委任者が必要と思う内容にしてかまいません（詳細はQ28参照）。

(3) **その他に関する事項**

① **任意後見監督人による同意**＝本来、任意後見は法定後見と違い、任意後見人が重要事項について第三者に同意を求める必要はありません。しかし、代理権を濫用されるのを抑える意味で、特定の事項については任意後見監督人による同意が必要だという特約を付けることは意味があります。

② **任意後見人の事務費用の支払い**＝任意後見人が本人のために行なう事務の費用は本人が負担すべきものですので、その旨と支払い方法を明記します。

③ **任意後見人の報酬の額と支払い方法**＝委任契約の一種である任意後見では、報酬の支払いを約束しておかないと、任意後見人は報酬を受け取ることができません。

④ **後見事務の報告義務**＝任意後見監督人には、任意後見人に対して後見事務の内容について報告させたり、事務の遂行状況や本人の財産状況を調査したりする権限がありますが、定期的な報告義務や本人や親族に対する報告義務をつけ加えることも有効です。

⑤ **法定後見開始の申立て義務**＝必要なときは任意後見人も法定後見開始の申立てが可能ですが、そのことを義務化しておきます。

⑥ **契約の終了**＝任意後見契約が終了する条件や、終了時にどんな処理が行なわれるかを定めておきます。

⑦ **登記申請**＝成年後見では、「登記」（詳細は第3章参照）の必要な場面がさまざまに出てきますが、その登記申請を任意後見人が行なうことを義務づけておきます。

⑧ **その他**、必要と思われる事項

[様式2-1]

任意後見契約公正証書

　本公証人は、平成×年×月×日、委任者（本人）宮本　亮（以下甲という。）及び受任者（任意後見受任者）中澤慎二（以下乙という。）の嘱託により、次の任意後見契約に関する両当事者の陳述を録取してこの証書を作成する。
第一条（契約の趣旨）
　　　甲は、乙に対し、任意後見契約に関する法律に基づき、同法第四条第一項所定の要件に該当する状況における甲の生活、療養看護及び財産管理に関する事務（以下、「後見事務」という）を委任し、乙はこれを受任した。
第二条（契約の発効）
　1　本契約は、甲について任意後見監督人が選任された時からその効力を生じる。
　2　本契約締結後に、甲が任意後見契約に関する法律第四条第一項所定の要件に該当する状況となったときは、乙は、家庭裁判所に対し、任意後見監督人選任の審判を申立てるものとする。
　3　甲乙間の法律関係については、任意後見契約に関する法律及び本契約に定めるもののほか民法の規定に従う。
第三条（任意事務の範囲）
　1　甲は、乙に対し、別紙代理権目録記載の後見事務を委任し、その事務処理のための代理権を付与する。
　2　乙が本契約に基づいて行う後見事務の対象となる財産（以下、「本件管理財産」という）は、別紙「財産目録」並びに「預貯金目録」記載の財産及びその果実とする。
　3　本契約の効力発生後に、相続、遺贈、贈与その他の事由により甲の財産が増加したときは、その財産も本契約による後見事務の対象財産とする。
第四条（身上配慮事務）
　　　乙は、その委任事務を処理するに当たっては、甲の意思を尊重し、かつ、甲の身上について配慮し、次の事項を行う。
　　一　最低一月に一回、甲と面接すること。
　　二　最低限半月に一回、ヘルパー等甲の日常生活援助者から甲の生活状況について聴取すること。
　　三　甲の主治医ら医療関係者との連絡
第五条（証書類の保管及び使用）
　1　乙は、後見事務処理に必要な次の証書等につき、甲から引渡を受けて保管し、後見事務処理のためこれを使用することができる。
　　①預貯金通帳、②年金関係証書、③土地、建物賃貸借契約書等の証

書類、④有価証券、⑤登記済権利証、⑥印鑑登録カード、⑦キャッシュカード、⑧実印、⑨銀行取引印等
　2　本契約の効力発生後、甲以外の者が後見事務処理に要する前条記載の証書類を占有所持しているときは、乙は、その者に対し、これらのものの引渡を求めて自ら保管することができる。
第六条（同意を要する特約）
　乙が、後見事務のうち、別紙同意を要する旨の特約目録記載の行為をするには、同目録記載の同意権者の同意を得なければならない。
第七条（費用負担）
　1　本件後見事務処理に要する経費は甲の負担とし、乙は、その管理する本件管理財産からこれを支弁することができる。
　2　任意後見監督人選任の審判に要する費用は甲の負担とし、乙が立て替え支出したときは、乙は任意後見監督人選任後にその管理する本件管理財産からその支弁を受けることができる。
第八条（報酬）
　1　甲、乙に対し、本契約の効力発生後、本契約に基づく後見事務処理に対する報酬として、毎月×日限り金××円を支払うことを約し、乙は、その管理する本件管理財産からその支弁を受けることができる。
　2　前項の報酬額が次の事由により不相当となったときは、乙と、甲及び任意後見監督人との協議により、これを変更することができる。
　　一　甲の健康状態、生活状況の変化
　　二　経済情勢の変動
　　三　その他の現行報酬額を不相当とする特段の事情の発生
　3　前項の場合、甲がその意思を表明することができないときは、乙と、任意後見監督人との協議により、これを変更することができる。
第九条（報告）
　1　乙は、六か月毎（任意後見監督人がこれより短い期間を定めたときは、その期間とする）に任意後見監督人に対し、次の事項について書面で報告する。
　　一　本件管理財産の管理状況
　　二　甲の身上監護につき行ったこと
　　三　費用の支出及び使用状況
　　四　報酬の収受
　2　前項にかかわらず、乙は、任意後見人から本件後見事務の報告を求められたときは速やかにこれに応じ、また、任意後見監督人が本件後見事務の状況若しくは甲の財産の状況を調査しようとするときはこれに協力しなければならない。
第十条（法定後見の申立て）

　　　　乙は、甲の利益のために特に必要があると認めるときは、甲の状況に応じ、後見、保佐または補助開始の審判並びに同意権の拡張、同意権付与または代理権付与の審判の申立てをするものとする。
第十一条（契約の終了）
　　1　次の場合には本件契約は当然に終了する。
　　　一　甲もしくは乙が死亡もしくは破産し、または乙が後見開始の審判を受けたとき。
　　　二　甲が任意後見監督人が選任された後に後見、保佐または補助開始の審判を受けたとき。
　　2　本契約が終了したときは、乙は、速やかに財産目録及び計算書を作成し、本件事務の処理の結果を甲、甲の代理人または相続人、並びに任意後見監督人に報告しなければならない。
　　3　本契約が終了したときは、乙は、速やかに預かり保管中の財産、並びに第五条に基づき保管中の証書類を甲、甲の代理人または相続人に返還し、または引き渡さなければならない。
第十二条（登記申請）
　　　乙は、本契約に関し、変更または終了の登記をすべき事由を生じたことを知ったときは、遅滞なく、その登記の申請をしなければならない。ただし、登記の嘱託がなされる場合、または、任意後見監督人、甲、甲の親族その他の利害関係人が既に申請をした場合はこの限りではない。

当事者の表示
　（略）

同意を要する旨の特約目録
　同意を要する行為
　　一　甲の居住の用に供する建物またはその敷地について、売却、賃貸、賃借契約の解除、抵当権の設定その他これらに準ずる処分
　　二　金壱千万円を超える借財、保証その他の債務負債行為
　同意権者
　　家庭裁判所が選任した任意後見監督人
　　　　　　　　　　　　　　　　　　　　　　　　　　　　以上

Q27 「任意後見契約」はどうやって結ぶか、その費用はどのくらいかかりますか

「任意後見契約」を結ぶためには、どんなものが必要ですか。また費用はどのくらいかかりますか

A ▽「公正証書」として作成するための書類や費用がかかる

「任意後見契約」を結ぶ際は、本人の意思を確認し、契約の内容が法律に沿ったものになっているかを確認するために、「公証人」によって「公正証書」にしてもらわなければなりません。

そのためには、図表2-4に示したようなものを揃え、全国に三〇〇か所ほどある「公証役場」に出向くことになります。それがムリな場合は、公証人に本人のところへ来てもらい、書類を作成してもらうこともできます。

また、任意後見契約の公正証書を作成する費用は、おおむね図表2-5のようになっています。

図表2-4　任意後見契約の公正証書作成に必要なもの

(1)　本人の戸籍謄本、住民票（外国人は外国人登録証明書）
(2)　任意後見受任者の住民票（法人は登記簿謄本）

　【注】いずれも、3か月以内のものに限ります。

(3)　本人と任意後見受任者の本人確認資料（実印と印鑑登録証明書、または運転免許証、パスポートなど）

　【注】その他、本人の「診断書」や「財産目録」などが必要になることもあります。

図表2-5　任意後見契約の公正証書作成に必要な費用

(1)　基本手数料　　　　　　　　　　　　　　　　1万1000円
　　（出張の場合は50％加算され1万6500円。さらに日当と現場までの交通費が加算されます）
(2)　法務局に納める印紙代　　　　　　　　　　　　4000円
(3)　法務局への登記嘱託料　　　　　　　　　　　　1400円
(4)　書留郵便料　　　　　　　　　　　　　　　　約540円
(5)　用紙代（本人などに交付する証紙）　　　　枚数×250円

　【注】なお、任意後見契約と併せて、通常の委任契約も締結する場合には、その委任契約について、さらに(1)と(5)が必要になり、委任契約が有償のときは、(1)の額が増額される場合があります。また、受任者が複数になると（共同してのみ権限を行使できる場合は別として）、受任者の数だけ契約の数が増えることになり、その分だけ費用も増えることになります。

Q28 「任意後見人」の職務は何か、その報酬等はどうする

任意後見制度において、「任意後見人」が果たすべき基本的な職務の内容とは、どんなことですか。また、それに対する報酬や費用はどうしたらいいですか

A ▽本人の「財産管理」と「身上監護」に関することが基本

任意後見制度は、本人と「任意後見受任者」の当事者双方による「任意後見契約」に基づいてなされるものです。したがって、任意後見受任者つまり将来の「任意後見人」のなすべき仕事は、「任意後見契約」によって定められます。

契約内容は自由ですが、本来の制度の趣旨から言うと、次のようなものが考えられます。

(1) 本人の「財産管理」に関すること
① 不動産などの財産の管理、保存、処分
② 銀行や保険会社などの金融機関との取引

③ 年金や障害手当など、あるいは土地や貸家の賃料など定期的な収入の管理、ローン返済や家賃の支払い、保険や公共料金などの定期的な支出の管理
④ 日常的な生活費の送金や生活必需品などの購入、支払い
⑤ 遺産分割、相続の放棄、承認など、遺産相続に関する協議手続き
⑥ 財産に関する権利証や通帳といった証書類や実印の保管、各種行政上の申請の手続き

(2) 本人の「身上監護」に関すること

⑦ 介護保険あるいはそれ以外の福祉サービス利用契約の締結や管理、要介護認定の手続き、施設入所契約など、福祉サービス利用に関する諸手続きおよび不服申立やサービス内容のチェック
⑧ 本人の住居確保のための不動産の購入や賃借、家屋の増改築などに関すること
⑨ 医療サービス契約や入院に関する諸手続き
⑩ こうした委任事務に関する紛争処理
⑪ その他

100

以上のように、任意後見人の基本的な職務の内容というのは、本人の財産をきちんと管理するとともに、介護や生活面のバックアップをすることと言えます。ただし、委任される事務は「代理権」を与えられる法律行為に限られていますから、委任者にとって介護労働を直接提供するような、代理権とは関係のない行為は含まれません。委任者にとって任意後見人の仕事であるということは、法定後見制度における「後見人等」の場合と同様です。

　細かい内容については、「代理権目録」の１号様式としてまとめられていますので（あらかじめ用意された項目から選択する「１号様式」と、個別に記載する「２号様式」とがある。様式2-2、2-3参照）、このなかから選択して、不足するものをつけ加えるのが現実的です。

　こうした任意後見人の職務に対する報酬については、その金額や支払い方法などを契約に定めておき、本人の財産から支払います。また、職務を果たすために必要な費用も、その実費を本人の財産から支払うことになります。

[様式2-2]

代　理　権　目　録

A　財産の管理・保存・処分に関する事項
　　A1□　甲に帰属する別紙「財産目録」記載の財産及び本契約締結後に甲に帰属する財産（預貯金〔B1・B2〕を除く。）並びにその果実の管理・保存
　　A2□　上記の財産（増加財産を含む。）及びその果実の処分・変更
　　　　　□売却
　　　　　□賃貸借契約の締結・変更・解除
　　　　　□担保権の設定契約の締結・変更・解除
　　　　　□その他（別紙「財産の管理・保存・処分等目録」記載のとおり）
B　金融機関との取引に関する事項
　　B1□　甲に帰属する別紙「預貯金等目録」記載の預貯金に関する取引（預貯金の管理、振込依頼・払戻し、口座の変更・解約等。以下同じ。）
　　B2□　預貯金口座の開設及び当該預貯金に関する取引
　　B3□　貸金庫取引
　　B4□　保護預り取引
　　B5□　金融機関とのその他の取引
　　　　　□当座勘定取引　　□融資取引
　　　　　□保証取引　　　　□担保提供取引
　　　　　□証券取引〔国債、公共債、金融債、社債、投資信託等〕
　　　　　□為替取引
　　　　　□信託取引（予定（予想）配当率を付した金銭信託（貸付信託）を含む。）
　　　　　□その他（別紙「金融機関との取引目録」記載のとおり）
　　B6□　金融機関とのすべての取引
C　定期的な収入の受領及び費用の支払に関する事項
　　C1□　定期的な収入の受領及びこれに関する諸手続
　　　　　□家賃・地代
　　　　　□年金・障害手当金その他の社会保障給付
　　　　　□その他（別紙「定期的な収入の受領等目録」記載のとおり）
　　C2□　定期的な支出を要する費用の支払及びこれに関する諸手続
　　　　　□家賃・地代　　□公共料金
　　　　　□保険料　　　　□ローンの返済金
　　　　　□その他（別紙「定期的な支出を要する費用の支払等目録」記載のとおり）
D　生活に必要な送金及び物品の購入等に関する事項
　　D1□　生活費の送金

Ｄ２☐　日用品の購入その他日常生活に関する取引
　　Ｄ３☐　日用品以外の生活に必要な機器・物品の購入
Ｅ　相続に関する事項
　　Ｅ１☐　遺産分割又は相続の承認・放棄
　　Ｅ２☐　贈与若しくは遺贈の拒絶又は負担付の贈与若しくは遺贈の受諾
　　Ｅ３☐　寄与分を定める申立て
　　Ｅ４☐　遺留分減殺の請求
Ｆ　保険に関する事項
　　Ｆ１☐　保険契約の締結・変更・解除
　　Ｆ２☐　保険金の受領
Ｇ　証書等の保管及び各種の手続に関する事項
　　Ｇ１☐　次に掲げるものその他これらに準ずるものの保管及び事項処理に
　　　　　必要な範囲内の使用
　　　　　☐登記済権利証
　　　　　☐実印・銀行印・印鑑登録カード
　　　　　☐その他（別紙「証書等の保管等目録」記載のとおり）
　　Ｇ２☐　株券等の保護預り取引に関する事項
　　Ｇ３☐　登記の申請
　　Ｇ４☐　供託の申請
　　Ｇ５☐　住民票、戸籍謄抄本、登記事項証明書その他の行政機関の発効す
　　　　　る証明書の請求
　　Ｇ６☐　税金の申告・納付
Ｈ　介護契約その他の福祉サービス利用契約等に関する事項
　　Ｈ１☐　介護契約（介護保険制度における介護サービスの利用契約、ヘル
　　　　　パー・家事援助者等の派遣契約を含む。）の締結・変更・解除及び
　　　　　費用の支払
　　Ｈ２☐　要介護認定の申請及び認定に関する承認又は異議申立て
　　Ｈ３☐　介護契約以外の福祉サービスの利用契約の締結・変更・解除及び
　　　　　費用の支払
　　Ｈ４☐　福祉関係施設への入所に関する契約（有料老人ホームの入居契約
　　　　　等を含む）の締結・変更・解除及び費用の支払
　　Ｈ５☐　福祉関係の措置（施設入所措置等を含む。）の申請及び決定に関す
　　　　　る異議申立て
Ｉ　住居に関する事項
　　Ｉ１☐　居住用不動産の購入
　　Ｉ２☐　居住用不動産の処分
　　Ｉ３☐　借地契約の締結・変更・解除
　　Ｉ４☐　借家契約の締結・変更・解除
　　Ｉ５☐　住居等の新築・増改築・修繕に関する請負契約の締結・変更・解除

J　医療に関する事項
　　J1□　医療契約の締結・変更・解除及び費用の支払
　　J2□　病院への入院に関する契約の締結・変更・解除及び費用の支払
　K□　A～J以外のその他の事項（別紙「その他の委任事項目録」記載のとおり）
　L　以上の各事項に関して生ずる紛争の処理に関する事項
　　L1□　裁判外の和解（示談）
　　L2□　仲裁契約
　　L3□　行政機関等に対する不服申立て及びその手続の追行
　　L4・1　任意後見受任者が弁護士である場合における次の事項
　　L4・1・1□　訴訟行為（訴訟の提起、調停若しくは保全処分の申立て又はこれらの手続の追行、応訴等）
　　L4・1・2□　民事訴訟法第55条第2項の特別授権事項（反訴の提起、訴えの取下げ・裁判上の和解・請求の放棄・認諾、控訴・上告、復代理人の選任等）
　　L4・2□　任意後見受任者が弁護士に対して訴訟行為及び民事訴訟法第55条2項の特別授権事項について授権をすること
　　L5□　紛争の処理に関するその他の事項（別紙「紛争の処理等目録」記載のとおり）
　M　復代理人・事務代行者に関する事項
　　M1□　復代理人の選任
　　M2□　事務代行者の指定
　N　以上の各事務に関連する事項
　　N1□　以上の各事項の処理に必要な費用の支払
　　N2□　以上の各事項に関連する一切の事項

注1　本号様式を用いない場合には、すべて附録第2号様式によること。
　2　任意後見人が代理権を行うべき事務の事項の□にレ点を付すること。
　3　上記の各事項（訴訟行為に関する事項〔L4・1〕を除く。）の全部又は一部について、数人の任意後見人が共同して代理権を行使すべき旨の特約が付されているときは、その旨を別紙「代理権の共同行使の特約目録」に記載して添付すること。
　4　上記の各事項（訴訟行為に関する事項〔L4・1〕を除く。）の全部又は一部について、本人又は第三者の同意（承認）を要する旨の特約が付されているときは、その旨を別紙「同意（承認）を要する旨の特約目録」に記載して添付すること。（第三者の同意（承認）を要する旨の特約の場合には、当該第三者の氏名及び住所（法人の場合には、名称又は称号及び主たる事務所又は本店）を明記すること。）。
　5　別紙に委任事項・特約事項を記載するときは、本目録の記号で特定せずに、全文を表記すること。

[様式2-3]

代 理 権 目 録

一、何　　　　何
一、何　　　　何
一、何　　　　何
一、何　　　　何
一、何　　　　何

注1　附録第1号様式を用いない場合には、すべて本号様式によること。
　2　各事項（訴訟行為に関する事項を除く。）の全部又は一部について、数人の任意後見人が共同して代理権を行使すべき旨の特約が付されているときは、その旨を別紙「代理権の共同行使の特約目録」に記載して添付すること。
　3　各事項（任意後見受任者が弁護士である場合には、訴訟行為に関する事項を除く。）の全部又は一部について、本人又は第三者の同意（承認）を要する旨の特約が付されているときは、その旨を別紙「同意（承認）を要する旨の特約目録」に記載して添付すること（第三者の同意（承認）を要する旨の特約の場合には、当該第三者の氏名及び住所（法人の場合には、名称又は称号及び主たる事務所又は本店）を明記すること。）。
　4　別紙に委任事項・特約事項を記載するときは、本目録の記号で特定せずに、全文を表記すること。

Q29 「任意後見人」に尊厳死の実行や死後の処理を頼めるか

任意後見制度を利用して、「任意後見人」に「リビング・ウィル」を実行することや、葬儀や埋葬のやり方、遺産相続などについて任せることはできますか

A ▽**任意後見は、本人の存命中に対する「後見事務」が原則**

ここにきて、自分が不治の病気で死期が迫ったときに、無意味な延命治療や植物状態での生命維持装置を着けることを拒否するという人のことを耳にする機会が増えました。いわゆる尊厳死を求めて、「リビング・ウィル」といって、自分のそうした気持ちを書面に残している人もいます。

とてもむずかしい面を含んだ問題ですが、このような自分の意思を、任意後見制度を利用して「任意後見人」に実現してほしいと考える人がいるかもしれません。しかし、結論から言うとそれはできません。

「任意後見契約」では、本人の生前の財産管理や生活、療養看護に関する事務は代理させることはできますが、延命治療を中止するというようなことの判断を、任意後見人に任せることはできないと考えられるからです。

▽遺言などとうまく組み合わせて使うことを考える

一方で、自分の死後の葬儀の方法やその費用の支払い、埋葬のしかたなどについて、任意後見人に委ねたいという人も多いようですが、こうしたことの一部については任意後見契約で処理することも可能だと考えられています。

本来、任意後見契約は本人が死亡したら終了するため、亡くなった後のことは含まれないのが原則です。しかし、相続人に財産などを引き継ぐまでは、任意後見人がその管理をしなければなりませんし、相続人がいなければ、家庭裁判所に「**相続財産管理人**」の選任を申し立てる必要があります。

また、任意後見を利用する人には、葬儀や埋葬などについて任せられる人がいない場合が多く、「遺言」では遺産の処理とお墓を守る人を指定できるだけなので、葬儀や埋葬などについて自分の遺志を実現するためには、任意後見人に託すことも現実的なのです。

いずれにしても、自分の意思に基づいて生前から死後までの財産管理などを行なうためには、任意後見と遺言などを組み合わせて使うことが必要です。

Q30 「任意後見人」には誰がなるのか

任意後見制度において、「任意後見人」にはどんな人がなれるのですか

A ▽委任する人の信頼できる成人であれば誰でもなれる

「任意後見契約」は、本人と「任意後見受任者」との双方における契約関係ですから、委任する人の信頼できる成人であれば、誰でも「任意後見人」として選ぶことができます。

本人の親族や知人でもかまいませんし、弁護士、司法書士、税理士、社会福祉士といった専門家に依頼してもいいのです。また、たとえば社会福祉協議会などの社会福祉法人、NPOなどの法人に任意後見人になってもらうこともできます。

ただし、任意後見契約の効力が発生する前提である「任意後見監督人選任の審判」（Q25参照）の段階で、任意後見人の候補者である「任意後見受任者」に不正な行為やその他ふさわしくないという理由があれば、選任の申立てが却下されてしまいます。

つまり、任意後見契約は実行されません。

図表2-6　任意後見人としてふさわしくない人とは

(1) 未成年者、破産者、行方不明者
(2) 裁判所から法定代理人等を解任されたことのある人
(3) 本人に対して訴訟を起こしたことがある人、およびその配偶者と直系血族（祖父母、父母、子、孫など）
(4) 不正な行為、著しい不行跡のある人、その他任意後見人の任務に適しない事由のある人（たとえば、金銭にルーズな人など）

▽複数でも法人でも大丈夫

任意後見人は、複数でも構いません。この場合には、①各人に同じ範囲の事務を任せる、②任意後見人ごとに任せる事務の範囲を分ける、③任意後見人が共同して事務を行なうという、三つのケースがあります。なお、任意後見人を予備的につけることも可能です。たとえば、任意後見人を複数選んでおき、一人が死亡、事故、高齢といった理由でその職務を果たせなくなったときは、他の後見人が職務を果たすよう契約しておきます。

複数の任意後見人が選ばれた場合、任意後見監督人については、一人に全員の監督を委ねることも、各任意後見人ごとに選任して監督させることもできます。

Q31 「任意後見監督人」を選任する手続きと費用は

任意後見制度を利用するための前提となる「任意後見監督人」の選任は、誰がどうやってするのですか。そのためにはどんな費用がどのくらいかかりますか

A

▽契約の効力が発生するためには「任意後見監督人」の選任が必要

任意後見制度では、「任意後見契約」を結んだだけでは、実際に制度を利用することはできません。本人の判断能力が低下して支援が必要になっても、家庭裁判所が「任意後見監督人」を選任してからでなければ、契約の効力が発生しないことになっているのです（詳細はQ25参照）。

任意後見監督人が選任されるためには、**本人、その配偶者、四親等内の親族**（25頁の図表1-1参照）、**任意後見受任者**が、本人の住所地を管轄する家庭裁判所に対して、「**任意後見監督人選任の審判**」の申立てを行なうことが必要です。

「**法定後見制度**」を利用するための申立ては、検察官や市町村長も行なうことができました（Q16参照）が、任意後見はあくまで私的な後見であることと、任意後見受任者がすでに存在しているので、仮に身寄りがいなかったりしても対応できるだろうと

> **図表2-7　「任意後見監督人選任申立書」とともに提出する書類**
>
> (1)　本人の戸籍謄本、戸籍附票、登記事項証明書（または、登記されていないことの証明書）【注】、診断書（「成年後見用診断書」＝Q19参照）
> (2)　任意後見契約公正証書の写し、任意後見契約の登記事項証明書
> (3)　申立人の戸籍謄本（本人以外が申し立てるとき）
> (4)　任意後見監督人の候補者がいる場合は、その戸籍謄本、住民票（世帯全部、省略のないもの）、身分証明書（証明の対象者の本籍地を管轄する市区町村長が発行する、破産宣告を受けていない旨の証明書）、登記事項証明書（または、登記されていないことの証明書）【注】
>
> 【注】法務局の発行する、後見開始の審判などを受けていないか、あるいはすでに受けているかについての証明書のこと。第3章の成年後見登記制度の解説参照。

いうことで、先の人たちにしか申立ては認められていません。

本人以外の申立てには本人の同意が必要ですが、本人の判断能力が著しく低下してしまっている場合には、同意の必要はないことになっています。

申立ては書面でなされるのが通常で、申立人が各家庭裁判所に用意された所定の用紙（「任意後見監督人選任申立書」様式2-4参照）に必要事項を記載して、図表2-7のよ

図表2-8　「任意後見等監督人選任の審判」の申立てにかかる費用

(1) 申立手数料（収入印紙）800円
(2) 登記手数料（登記印紙）2000円
(3) 連絡用の郵便切手（家庭裁判所によって異なる）。
    東京家庭裁判所の場合で4300円
(4) 申立てのために必要な戸籍謄本、登記事項証明書、診断書などの書類を入手するための費用

うな添付書類とともに行なわれます。場合によっては、「**申立事情説明書**」といった、図表には掲げていない書類の提出を求められることもあります。

また、申立てに関する費用は、図表2-8のとおりです。

こうして、家庭裁判所が任意後見受任者にふさわしくない理由があるなどと判断した場合（Q30参照）などを除いて、任意後見監督人を選任した時点で、任意後見受任者は任意後見人として代理権をもちます。

[様式2-4]

受付印		任 意 後 見 監 督 人 選 任 申 立 書
		(この欄に収入印紙800円をはる。)
収入印紙	円	
予納郵便切手	円	(はった印紙に押印しないでください。)
予納登記印紙	円	

準口頭	関連事件番号 平成 年(家)第 号

	××家庭裁判所 御中 平成×年×月×日	申立人の 署名押印 又は記名押印	小野　誠 ㊞(小野)

添付書類	申立人の戸籍謄本(本人以外が申し立てるとき。),任意後見契約公正証書写し 本人の戸籍謄本　通,戸籍附票　通,登記事項証明書　通,診断書　通 任意後見監督人候補者の戸籍謄本　通,住民票　通,身分証明書　通,登記事項証明書　通

申立人	本籍	××都道府県 ××市××町×丁目×番×号
	住所	〒×××-×××× 電話××××(××)×××× ××県××市××町×丁目×番×号 (方)
	フリガナ 氏名	オノ　マコト 小野　誠	大正・昭和・平成 ×年×月×日生
	職業	弁護士
	本人と の関係 ※	1 本人　2 配偶者　③ 四親等内の親族(本人の長男) 4 任意後見受任者　5 その他( )

本人	本籍	都道府県 申立人の本籍地と同じ
	住所	〒×××-×××× 電話××××(××)×××× ××県××市××町×番地 (方)
	フリガナ 氏名	クボ　ケイジ 久保　圭司	明治・大正・昭和 ×年×月×日生
	職業	無職

(注) 太わくの中だけ記入してください。※の部分は、当てはまる番号を○で囲み、3又は5を選んだ場合には、( )内に具体的に記入してください。

任後監督(1/2)

申　立　て　の　趣　旨
任 意 後 見 監 督 人 の 選 任 を 求 め る 。

申　立　て　の　実　情
(申立ての理由，本人の生活状況などを具体的に記入してください。)
１．本人は長年にわたって自己の所有するビルや駐車場の管理を行なっており、平成×年×月×日、申立人との間で任意後見契約を結んだ。その後、認知症の症状が進み、ビルの賃貸料の徴収や賃貸借契約等を一人で行なうことができなくなったので、本件を申し立てる。
２．本人は住所地の有料ホームに居住しているが、一部職員の介助を受けつつもほぼ自立した生活を送っている。

任意後見契約	公正証書を作成した公証人の所属	×× 法務局	証書番号	平成 × 年 第 ×× 号
	証書作成年月日	平成 × 年 × 月 × 日	登記番号	第 × × － × × × 号

任意後見受任者	住所	〒×××-×××× ××県××市××町×番地	電話 ××××(××)×××× (　　方)
	フリガナ 氏名	オノ　マコト 小 野　誠	大正 昭和 × 年 × 月 × 日生
	職業	弁 護 士	本人との関係　任意後見受任者
	勤務先	電話 ××県××市××町×丁目×番×号　××法律事務所	

(注) 太わくの中だけ記入してください。

Q32 「任意後見監督人」には誰がなるのか

任意後見制度において、「任意後見監督人」にはどんな人が選ばれるのですか

A ▽家庭裁判所の裁量に任されている

法定後見制度における「成年後見監督人等」（「後見監督人」「保佐監督人」「補助監督人」）は、必要のあるときだけ選任されていましたが、任意後見制度での「任意後見監督人」は、必ず選ぶことが求められています（Q25、31参照）。

任意後見監督人となる人の資格について、法律上の制限はありませんが、家庭裁判所が選任する際には、「任意後見監督人選任の審判」の申立てで示された任意後見人の候補者がそのまま選ばれるわけではなく、図表2-9のようなポイントが勘案されます。

また、未成年者や破産者、それまでに「成年後見人等」（「後見人」「保佐人」「補助人」）を解任されたことのある人などが対象から外されるとともに、「任意後見受任者」

図表2-9　任意後見監督人を選ぶポイント

- 保護・支援を受ける本人の心身の状態と、生活や財産の状況
- 任意後見監督人になる人の仕事や経歴、本人との利害関係の有無
- 任意後見監督人になるのが法人の場合は、その事業の種類や内容、そしてその法人およびその代表者と本人との利害関係の有無
- 本人の意見
- その他のいっさいの事情

の配偶者、直系血族（たとえば祖父母、父母、子、孫など）および兄弟姉妹についても、監督すべき任意後見人と利害が重なるようなことが予想されるために、その対象から外されます（Q14参照）。

このように、任意後見監督人の選任は、家庭裁判所の裁量に任されていて、保護・支援を受ける本人の意向は尊重されますが、それだけに左右されるのではなく、いろいろな事情を考慮したうえで決定されます。

▽**複数や法人でも可能に**

個人だけでなく、社会福祉協議会などの社会福祉法人、福祉関係の公益法人などのほかに、営利法人などの法人についても、家庭裁判所がその適格性を個別に

判断して、選任することができます。

さらには、複数の任意後見監督人が選任されることも可能です。その場合、複数の任意後見監督人のそれぞれがバラバラに職務を行なわないよう、職務を共同で行なうか分担して行なうか、家庭裁判所が職権で決めることになっています。

任意後見人が複数の場合、任意後見監督人は一人でも複数でもかまいません。複数の任意後見監督人が監督するときは、各任意後見監督人がそれぞれ全部の任意後見人を監督しても、特定の任意後見監督人が特定の任意後見人を監督しても、その形態に制限はありません。

「任意後見人」をどうやって監督するのか

Q33

任意後見制度において、「任意後見人」の監督は誰がどうやってするのですか。また、問題があったときは解任することができますか。

A

▽「任意後見監督人」が仕事ぶりを監督する

任意後見制度では、将来において保護・支援を受ける本人が、自分の信頼する人（法人も含めて）を将来の「任意後見人」として選び、「任意後見契約」を結びます。そういう意味では、契約を結ぶ際に、その相手が真に信頼できるかどうかをよく見極めることが非常に重要です。

本人の判断能力が低下して支援が始まってからは、実際に契約した内容が正しく行なわれているかについて、本人に代わって「任意後見監督人」が必ず監督することになっています。

任意後見監督人は、任意後見人の仕事ぶりについて、定期的に家庭裁判所に報告をしなければなりません。そのために、任意後見人に対して報告を求めたり、その仕事ぶりや本人の財産の状況などを調査することがいつでもできます。とくに、任意後見

人が本人の財産管理を任されている場合は、支出の内容や計算などについて、厳正なチェックを行ないます。

▽ **家庭裁判所も間接的に監督するとともに「解任」も行なう**

一方、家庭裁判所は、任意後見監督人をとおして間接的に任意後見人を監督するしくみになっています。任意後見監督人から定期的な報告を受け、必要であればさらに報告や調査を求め、監督のしかたなども含めて具体的な指示を与えます。

このようにして、任意後見人に次のようなことが認められたときは、**本人、親族、任意後見監督人、検察官の請求によって、家庭裁判所が任意後見人を「解任」できる**ことになっています。

(1) **不正な行為があった**＝たとえば、本人の財産を横領したり、私的に流用したりするなど、違法な行為、社会的に非難されるべき行為をした場合

(2) **著しい不行跡があった**＝その行ないがはなはだ良くなくて、本人の財産の管理に危険を生じさせるなど、任意後見人として適格性を欠くと思われる場合

(3) **その他任意後見の任務に適さない事由**＝権限を濫用したり、財産の管理方法が不適当だったり、任務を怠ったりした場合

Q34 「任意後見監督人」の職務は何か、その報酬はどうする

> 任意後見制度において、「任意後見監督人」が果たすべき基本的な職務の内容とはどんなことですか。また、それに対する報酬や費用等はどうしたらいいですか

A

▽主な職務は「後見事務」の監督

任意後見制度を利用する際に、その前提ともなるのが「任意後見人」の存在です。任意後見監督人の主な職務は、「任意後見人」が「任意後見契約」に示された「後見事務」について、きちんとその仕事を果たしているかを監督することです(詳細はQ33参照)。

そうしたことも含めて、任意後見監督人の基本的な職務は次のようになっています。

(1) 「任意後見人」の行なう「後見事務」を監督すること

(2) 任意後見人の行なう後見事務について、家庭裁判所に定期的に報告すること

(3) 任意後見人が不在であったり病気になったり死亡したりしたなどの場合、任意後見人のもつ「代理権」の範囲内で、必要な処分をすること

(4) 任意後見人と本人との利益が相反する行為について、本人に代わってその行為を

行なうこと

(5) 任意後見人に対して後見事務の報告を求めることや、事務の遂行状況や本人の財産状況の調査をすること
(6) 家庭裁判所の要請に応じて、後見事務に関する報告を行ない、事務の遂行状況や本人の財産状況の調査をすること
(7) 家庭裁判所に対して任意後見人の解任を請求すること
(8) 任意後見契約の終了に関する職務（詳細はQ37参照）を行なうこと

▽ **報酬額は家庭裁判所によって決められる**

こうした職務を果たす任意後見監督人は、任意後見人および本人の資力その他の事情によって、家庭裁判所が審判によって決定した報酬額を、本人の財産のなかから受け取ることができます。

また、監督事務を行なうために必要となる費用も、本人の財産のなかから実費を受け取ることができます。

Q35 「任意後見監督人」の辞任や解任はどうする

任意後見制度において、「任意後見監督人」は辞任できますか。また解任させられるのはどんなときですか

A

▽ **「正当な事由」があれば「辞任」できる**

「任意後見監督人」は、「任意後見人」を監督する職務の適任者であると家庭裁判所に認められ、本人保護のために選任されていますから、勝手に辞任されては本人の利益を害するおそれがあります。そのため、辞任するについては、図表2-10のような「正当な事由」があり、家庭裁判所の許可を得て可能となります。

▽ **請求または職権で家庭裁判所によって「解任」も可能**

一方、任意後見監督人に①不正な行為、②著しい不行跡、③その他後見監督の任務に適さない事由があるときは、**本人、親族、他の任意後見監督人**(任意後見監督人が複数いる場合)、**検察官の請求**、または職権によって家庭裁判所は任意後見監督人を解任することができます。任意後見人には、任意後見監督人を解任する請求はできないと解釈されています。

122

図表2-10　任意後見監督人の辞任が認められる「正当な事由」とは

(1)　職業上の必要等から遠隔地に住居を移し、職務の遂行に支障が生じた場合
(2)　老齢、疾病などにより職務の遂行に支障がある場合
(3)　本人またはその家族との間に不和が生じた場合
(4)　その他

また、任意後見人を選ぶ際に、破産者や任意後見人と利害が重なるような人（法人も）は対象から外していましたから（詳細はQ32参照）、任意後見監督人に選ばれてからそうした要件に該当した場合も、その地位を失います。

任意後見監督人は任意後見制度を利用するための前提として重要な職責を果たしていますから、辞任するにせよ解任されるにせよ、家庭裁判所は新たに任意後見監督人を選任しなければなりません。

そして、任意後見監督人には、後任者が選ばれるまでその事務を行なう義務があります。そこで、実際問題として家庭裁判所は、後任を選ぶのと同時に辞任を許可するか解任するようにします。

Q36 「任意後見契約」の内容変更と「解除」はできるか

任意後見制度において、「任意後見契約」の内容を変更したり、契約を途中でやめることはできますか

A ▽内容変更のために新たな契約を結ぶ必要がある場合も

いったん「任意後見契約」を結んだ後で、その内容を変更したくなったりすることがあるかもしれません。たとえば、「任意後見人」に委任したい事項（詳細はＱ26、28、29参照）の一部を追加したり、一部を削除したいと思った場合です。

しかし、こうした「代理権」の範囲については、変更することはできません。どうしても追加する必要がある場合は、そのことだけに関して新たな任意後見契約を結びます。また、どうしても削除したい事項がある場合は、当初の任意後見契約を「**解除**」（後述）して、必要な事項だけに関する新たな任意後見契約を結び直すようにします。

ただし、たとえば任意後見人の報酬に関する事項のように、代理権の範囲に関わら

ない事項であれば、「公正証書」によって契約内容を変更することが認められています。

一方、任意後見契約の解除についてですが、当事者の一方が申し出るか双方の合意によっていつでも可能な「任意委任契約」の場合と違って、解除するための要件があり、それは解除する時期によって次のように異なっています。

▽ **契約の「解除」には要件がある**

(1) **任意後見監督人が選任される前**

任意後見契約は、任意後見監督人が選任される前、つまり任意後見が開始される前であれば、いつでも、本人か任意後見受任者のどちらからでも、解除することができます。ただし、そのためには公証人の「認証」を受けた書面（「公正証書」ではありません）によって行なわれる必要があります。

本人または任意後見受任者の一方が解除を求める場合は、任意後見契約の「**解除通知書**」（様式2-5参照）を作成し、当人が作成した書面であることを「公証人」に認証してもらったうえで、相手方に送ります。その際、後日の証明となるように「**内容証明郵便**」であることが望ましいでしょう。

本人と任意後見受任者が合意して解除をする場合も、合意したら即、解除できるわけではなく、「合意解除書」を作成して、やはり公証人の認証を受けることが必要です。

(2) 任意後見監督人が選任された後

任意後見監督人が選任された後は、すでに後見が開始されていて、本人に対する支援が始まっていますから、自由に解除することは認められません。「正当な事由」があるときに限り、かつ家庭裁判所の許可を受けて、解除することが可能となります。

正当な事由というのは、本人と任意後見人との間の信頼関係の破綻、いずれかの転居による任意後見人の執務不能、任意後見人の心身の状況による執務不能、任意後見人に契約内容に反する行ないがあったときなどが考えられます。

手続きとしては、本人が家庭裁判所に解除許可の審判を申し立て、その審判を得たうえで、「解除通知書」（様式2-6参照）と解除許可の審判の謄本、審判確定の証明書を任意後見人に送ります。

[様式2-5]

解 除 通 知 書

　貴殿を任意後見受任者、私を委任者（本人）とする平成×年×月×日付任意後見契約公正証書（××法務局所属公証人長谷部佑二作成、平成×年第××号）による任意後見契約は、本日、解除しますので、この旨ご通知します。

　平成×年×月×日
　××県××市××町×丁目×番×号
　　坪井　能活　殿
　　　　　　　　　　　　　　××県××市××町×丁目×番×号
　　　　　　　　　　　　　　　川口　寿人　㊞

[様式2-6]

解 除 通 知 書

　貴殿を任意後見受任者、私を委任者（本人）とする平成×年×月×日付任意後見契約公正証書（××法務局所属公証人長谷部佑二作成、平成××年第××号）による任意後見契約は、平成×年×月×日、××家庭裁判所の許可を得たので、本通知書をもって解除します。
　なお、解除の許可の審判の謄本と確定証明書は、別便の書留郵便にて送付しましたので、ご査収下さい。
　以上、ご通知します。

　平成×年×月×日
　××県××市××町×丁目×番×号
　　坪井　能活　殿
　　　　　　　　　　　　　　××県××市××町×丁目×番×号
　　　　　　　　　　　　　　　川口　寿人　㊞

Q37 「任意後見契約」の終了とその対応は

「任意後見契約」が終了する原因には、どんなことがありますか。また、終了したらどう対応したらいいですか

A

▽ **契約終了の三つの原因**

任意後見制度を利用していて、「任意後見契約」が終了する原因は次のように大きく三つあります。

(1) **任意後見契約の「解除」**＝委任契約の場合は、当事者の一方が申し出るか双方の合意によっていつでも契約を解除できますが、任意後見契約を解除するためには要件があり、その要件を満たす手続きを行なうことによって、契約は終了します（詳細はQ36参照）。

(2) **「任意後見人」の「解任」**＝任意後見人がその職務を果たすのにふさわしくないと判断されるとき、**本人、その親族、任意後見人、任意後見監督人、検察官の請求**によって、家庭裁判所が任意後見人を解任できることになっています（詳細はQ33参照）。そうなると、後任の任意後見人を想定していませんので、契約は終了します。

(3) **「法定後見」の開始**＝任意後見契約が結ばれていても、家庭裁判所が法定後見を開始することが「本人の利益のためにとくに必要があると認めるとき」は、後見等（「後見」「保佐」「補助」）開始の審判がなされることがあります（詳細はQ36参照）。

その場合、任意後見人と「成年後見人等」（「後見人」「保佐人」「補助人」）の権限が重なったりすることを防ぐために、任意後見契約は終了します。

(4) **契約当事者の死亡や破産**＝任意後見契約は民法上の「委任契約」の一種ですから、その原則にしたがって、本人または任意後見人（**任意後見受任者**）が死亡したり破産宣告を受けたり、任意後見人（任意後見受任者）が後見開始の審判を受けると、終了します。

こうして任意後見契約が終了したにもかかわらず、本人に対する保護や支援が必要であれば、新たな任意後見契約による任意後見を開始するか、**「法定後見」**を開始することになります。

その間の本人保護・支援の事務は、任意後見監督人が行なうのが妥当だと考えられます。

Q38 任意後見と法定後見との調整が必要な場合は

「任意後見契約」を結んでいる人について、法定後見（「後見」「保佐」「補助」）を開始することはできますか

A

▽法定後見より任意後見が優先されるのが原則

任意後見制度と法定後見制度の大きな違いは、①後見人等の決定や後見等を受ける内容の決定を、本人が行なう（任意後見制度）か、法律によって定められたことに従うか（法定後見制度）、②本人を保護・支援する方法として、「代理権」のみとする（任意後見制度）か、「同意権」や「取消権」まで与えるか（法定後見制度）です。

新しい成年後見制度を導入するときには、「本人の自己決定権を尊重する」ことが謳われていました。その趣旨から、任意後見制度による保護と支援を選んで「任意後見契約」を結んでいる人については、原則として法定後見より任意後見が優先されます。

したがって、任意後見契約の「登記」（詳細は第3章参照）がなされている人については、「法定後見開始の申立て」がなされても、家庭裁判所は原則として申立てを却下

することになります。

その逆に、法定後見開始の審判を受けている人について、「任意後見監督人選任の申立て」が行なわれたら、家庭裁判所は原則として「任意後見監督人」を選任して、法定後見開始の審判を取り消します。

▽ **家庭裁判所の判断によって扱われる**

ただし、どちらの場合にも「原則として」という言葉があるように、家庭裁判所が「本人の利益のためにとくに必要があると認めるとき」には、この原則どおりでない取扱いが行なわれます。

本人の利益のためにとくに必要があると認められるときというのは、たとえば、①任意後見契約によって本人が任意後見人に与えた代理権の範囲が狭すぎて、現実的に本人への保護・支援が不十分になり、他の法律行為についても法定の代理権を与えることが必要な場合や、②本人を保護・支援するためには任意後見人が代理権をもつだけでは不十分で、後見人等に同意権や取消権を与えることが必要な場合などが考えられます。

このように、本人の利益のためにとくに必要があると認められるときには、**本人**、その配偶者、四親等内の親族（25頁の図表1-1参照）、**検察官**が、任意後見監督人が

選任される前か後かにかかわらず、「**法定後見開始の審判**」を申し立てることができます。

また、「**任意後見受任者**」、任意後見人、任意後見監督人も法定後見開始の審判を申し立てることができます。つまり、自分たちが直接、間接に行なう任意後見の事務では、本人の保護・支援に限界があると感じるとき、自ら法定後見へ移行するための手続きを取ることができるようになっているのです。

こうして、任意後見監督人が選任されてから（任意後見制度の利用が始まってから）法定後見開始の審判がなされたときは、任意後見人と「**成年後見人等**」（「後見人」「保佐人」「補助人」）の権限が重なったりすることを防ぐために、任意後見契約は終了します。

一方、任意後見監督人が選任される前（任意後見制度の利用が始まる前）に法定後見開始の審判がなされたときは、その任意後見契約はそのまま存続します。

図表2-11　任意後見制度のしくみ

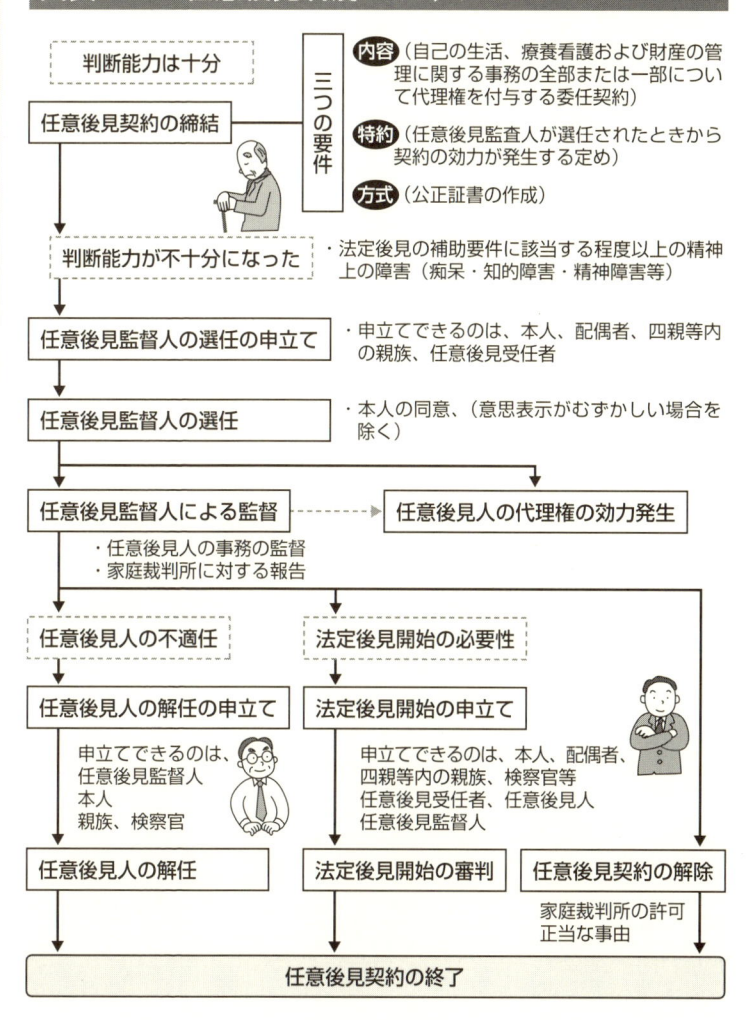

判断能力は十分

任意後見契約の締結

三つの要件
- **内容**（自己の生活、療養看護および財産の管理に関する事務の全部または一部について代理権を付与する委任契約）
- **特約**（任意後見監査人が選任されたときから契約の効力が発生する定め）
- **方式**（公正証書の作成）

↓

判断能力が不十分になった
・法定後見の補助要件に該当する程度以上の精神上の障害（痴呆・知的障害・精神障害等）

↓

任意後見監督人の選任の申立て
・申立てできるのは、本人、配偶者、四親等内の親族、任意後見受任者

↓

任意後見監督人の選任
・本人の同意、（意思表示がむずかしい場合を除く）

↓

任意後見監督人による監督 ----→ **任意後見人の代理権の効力発生**
・任意後見人の事務の監督
・家庭裁判所に対する報告

↓

任意後見人の不適任	法定後見開始の必要性	
任意後見人の解任の申立て	**法定後見開始の申立て**	
申立てできるのは、任意後見監督人、本人、親族、検察官	申立てできるのは、本人、配偶者、四親等内の親族、検察官等、任意後見受任者、任意後見人、任意後見監督人	
任意後見人の解任	**法定後見開始の審判**	**任意後見契約の解除**
		家庭裁判所の許可 正当な事由

↓

任意後見契約の終了

Column 任意後見には こんな使い方もある

　任意後見制度は、自分が判断能力が不十分になったときに備えるものですが、知的障害などをもつ子がある場合、将来のその子の生活が成り立つよう道筋をつけておくという使い方ができます。

　まずは、その子の面倒を見ることを条件に第三者に財産を遺贈するなど、しかるべき内容の遺言をしておくことが必要でしょう。

　そして、その子に契約を結ぶ能力がある場合には、子自らに委任契約と任意後見契約を結ぶようにさせ、親が死んだり心身が衰えたりした時期に、信頼に足る受任者がその子の後見人となって、財産管理や身上監護などの事務を開始するようにしておきます。

　その子に契約を結ぶ能力がない場合には、やはり信頼できる人との間で、子が未成年であれば親が親権に基づいて、成年であれば親自らが後見人となる審判を受けたうえで、親が子を代理して任意後見契約を結びます。

　また、信頼できる相手と親自身が任意後見契約を結び、任意後見の代理権のなかに、親が死んだり心身が衰えたりした後、任意後見人が子について法定後見を申し立てる権利を入れておくことや、その子の財産管理や身上監護等について委任する契約をしておくことも考えられます。

　専門家に相談してみると、いろいろな解決策が見つかるはずです。ご検討ください。

第3章 成年後見登記制度

成年後見編

Q39 成年後見登記制度とはどんな制度か

成年後見登記制度の内容は、どんなものですか

A ▽ **「禁治産」「準禁治産」の「公告」制度に代わるもの**

成年後見登記制度というのは、「成年後見」に関する情報をコンピュータ・システムによって「登記」し、管理・証明するものです。従来の「禁治産」「準禁治産」の制度に代わって、二〇〇〇年から導入された新しい成年後見制度の大きな特徴の一つが、この成年後見登記制度です。

これまでは、禁治産・準禁治産宣告が出ると、「公告」といって、その事実が「官報」に掲載され、家庭裁判所に掲示されたうえで、本人の戸籍に記載されていました。

しかし、こうした扱いに対しては抵抗感が強く、また必要に応じて戸籍謄本を提出すると、禁治産宣告等を受けた事実が公になってしまうというプライバシーの問題もあり、禁治産・準禁治産制度の利用を妨げる一因だとも言われていました。

そこで、新しい成年後見制度では、公告の制度は廃止され、戸籍への記載に代わる

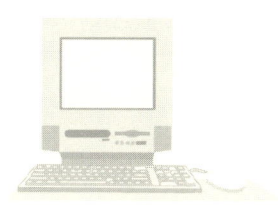

図表3-1　成年後見登記制度の概要

(1) 登記は、家庭裁判所の書記官または公証人からの嘱託で行なわれる
(2) 登記事務は、法務局の登記官が行なう
(3) 登記内容は、コンピュータ・システムによって管理、証明される

新たな公示制度として、登記が行なわれることになりました。

▽**限られた人からの請求にのみ応える**

「成年後見人」などの権限や「任意後見契約」の内容などについて、家庭裁判所の書記官や公証人からの「嘱託」（職務上の依頼）を受けて、法務局の登記官が登記事務を担当します。

プライバシー保護の観点から、不動産登記などのように閲覧はできず、限られた人からの請求に対してのみ、その内容（「登記事項」）を証明した「登記事項証明書」を発行するようになっています（「登記されていないことの証明書」も発行されます＝詳細はQ43参照）。

図表3-2 成年後見登記制度のあらまし

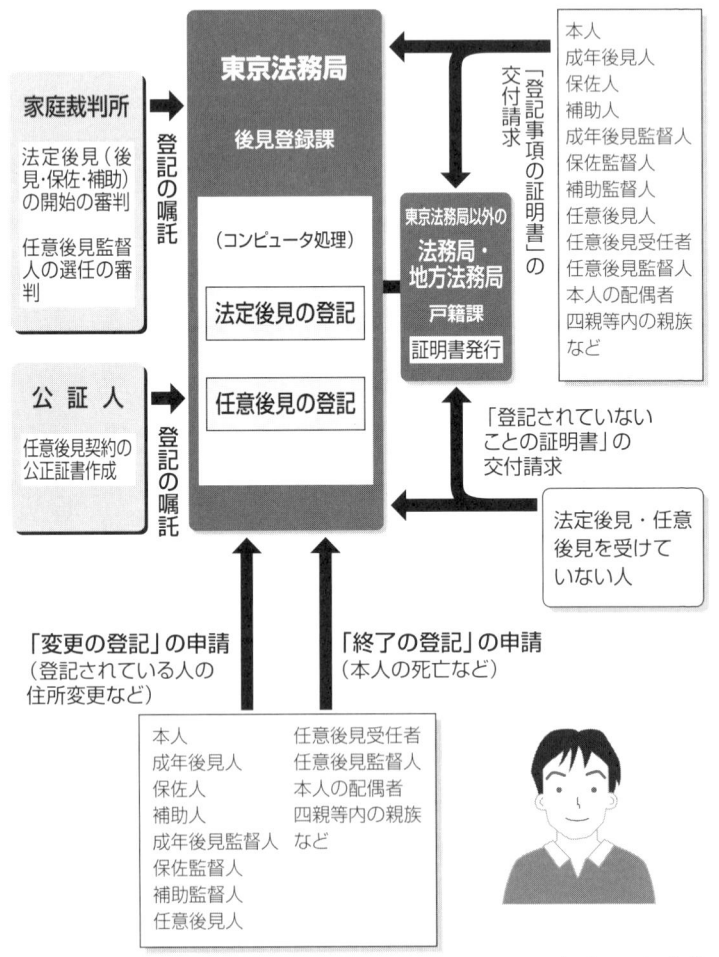

家庭裁判所 → **東京法務局 後見登録課**
- 法定後見（後見・保佐・補助）の開始の審判
- 任意後見監督人の選任の審判

登記の嘱託

公証人 →
- 任意後見契約の公正証書作成

登記の嘱託

東京法務局 後見登録課（コンピュータ処理）
- 法定後見の登記
- 任意後見の登記

東京法務局以外の法務局・地方法務局 戸籍課 証明書発行

「登記事項の証明書」の交付請求：
- 本人
- 成年後見人
- 保佐人
- 補助人
- 成年後見監督人
- 保佐監督人
- 補助監督人
- 任意後見人
- 任意後見受任者
- 任意後見監督人
- 本人の配偶者
- 四親等内の親族
- など

「登記されていないことの証明書」の交付請求：
- 法定後見・任意後見を受けていない人

「変更の登記」の申請（登記されている人の住所変更など）

「終了の登記」の申請（本人の死亡など）

申請者：
- 本人
- 成年後見人
- 保佐人
- 補助人
- 成年後見監督人
- 保佐監督人
- 補助監督人
- 任意後見人
- 任意後見受任者
- 任意後見監督人
- 本人の配偶者
- 四親等内の親族
- など

（法務省のホームページ所載の図より作成）

Q40 どんな場合に「登記」が行なわれるのか

成年後見登記制度において、どんな場合に「登記」が行なわれるのですか

A ▽「嘱託」や「申請」によって行なわれる

成年後見登記制度において、「登記」が行なわれるのは、次のような場合です。

(1) 家庭裁判所や公証人からの「嘱託」(職務上の依頼)によって行なわれる場合

① 法定後見

法定後見制度で「後見等」(「後見」「保佐」「補助」)を利用する際には、家庭裁判所に対して、本人、その配偶者、四親等内の親族(25頁の図表1-1参照)と検察官、市町村長などが、「後見等開始の審判」を申し立てることが必要です(詳細はQ16参照)。その結果、審判が確定すると、家庭裁判所の書記官から法務局に対して、審判の内容が通知され、法務局の登記官が所定の内容について「後見登記等ファイル」に記録します。

その後は、**保佐**における「代理権付与の審判」、**補助**における「同意権付与の審判」や、保佐人や補助人の同意権や代理権の範囲を変更する審判が申し立てられた場合など、同様の手順で登記が行なわれます。

② 任意後見

任意後見制度を利用する際には、「**任意後見契約**」（詳細はQ26参照）が「**公証人**」によって「**公正証書**」として作成されます（詳細はQ27参照）。その内容は公証人から法務局へ通知され、やはり登記官によって所定の内容が後見登記等ファイルに記録されます。

「**任意後見監督人**」が選任された場合は、家庭裁判所の書記官から法務局に対して審判の内容が通知され、法務局の登記官が所定の内容について後見登記等ファイルに記録します。

(2) **本人や関係者の「申請」が必要な場合**

① 「変更の登記」

法定後見でも任意後見でも、すでに登記されている事項のなかで次のような変更があっても、それについて家庭裁判所や公証人が登記の嘱託をしてくれるわけではあり

140

ません。

(a) 本人の氏名、住所、本籍（外国人の場合は国籍）、
(b) 後見人・後見監督人の氏名・住所（法人の場合は名称または商号・主たる事務所または本店

そこで、当事者およびその事実を知った関係者、つまり**本人**、「**成年後見人等**」（「後見人」「保佐人」「補助人」）、「**成年後見監督人等**」（「後見監督人」「保佐監督人」「補助監督人」）、**任意後見人**、**任意後見監督人**は、法務局に対して「**変更の登記の申請**」をしなければなりません。

② 「終了の登記」

法定後見では、本人が死亡すると後見等は終了しますから、成年後見人等や成年後見監督人等は、法務局に終了の登記の申請をしなければなりません。

一方、任意後見の場合は、本人を含めた**任意後見契約当事者の死亡や破産、任意後見契約**の「**解除**」、任意後見人の「**解任**」、「**法定後見の開始**」によって終了します（詳細はQ37参照）。

このうちの任意後見人の解任については家庭裁判所から登記の嘱託がありますが、それ以外については当事者およびその事実を知った関係者、つまり**本人**、**任意後見人**、

任意後見監督人は、「終了の登記の申請」をしなければなりません。

終了の登記がなされると、登記記録は閉鎖されて「閉鎖登記ファイル」に記録されます。後見登記等ファイルが戸籍に相当すると考えれば、閉鎖登記ファイルは除籍だと考えることができるでしょう。

とくに、任意後見契約の終了の登記をしておかないと、たとえば「代理権」が消滅した任意後見人が行なった取引でも有効とされてしまい、本人が必要以上の負担を強いられることにもなりかねませんので、注意が必要です。

また、任意後見の終了の登記が必要な場合でも、任意後見人の死亡や破産、任意後見人の法定後見開始のケースでは、任意後見人が申請することは期待できませんから、任意後見監督人が速やかに申請する必要があります。

この変更の登記と終了の登記の申請は、本人の親族などの利害関係人も行なうことができます。

142

Q41 登記の「申請」の手続きは

成年後見登記制度において、本人や後見人などが行なう登記の「申請」はどんなふうにするのですか。手数料などはかかりますか

A ▽「申請書」を東京法務局へ提出して行なう

登記の「申請」（詳細はQ40参照）を行なうには、所定の「申請書」に必要事項を記載したうえで、申請する登記の内容を証明する書類（たとえば、住所変更＝住民票、氏名変更・死亡＝戸籍謄本、任意後見契約の解除＝解除通知書など）を添付して、**東京法務局後見登録課へ書留郵便で郵送して行なうことができます**（図表3-3参照）。

申請書は最寄りの法務局などで入手できますが、後見登記を取り扱っているのは現在のところ東京法務局だけなので、注意が必要です。

また、**登記の手数料**については、嘱託を要する登記と申請が必要な登記にかかわらず不要のものもありますが、詳細は図表3-4を参照してください。

図表3-3 登記の「申請書」の入手先と届出先

●申請書の入手先
・最寄りの法務局（支局や出張所＝いわゆる登記所を含みます。連絡先等は下記の法務省のホームページ等を参照してください）
・ファクシミリ（各法務局の「登記インフォメーションサービス」に電話をして、案内にしたがってファクシミリで取り出すことができます）
・インターネット（法務省のホームページ＝http://www.moj.go.jp/から「オンライン申請」のページへ進んで入手することも可能です。ただし、申請人が事前登録を行なうなどの事前準備が必要です。申請書を入手するだけでなく、申請の手続きまで行なうことも可能です）

●申請書の届出先
・東京法務局民事行政部後見登録課
　〒102-8226　東京都千代田区九段南1-1-15
　　　　　　　九段第二合同庁舎
　　　　　　　電話＝03-5213-1234（代表）
　　　　　　　　　　03-5213-1360（ダイヤルイン）

[様式3-1]

登 記 申 請 書（変更の登記）

登 記 の 事 由	
①	☑成年被後見人，□被保佐人，□被補助人，□任意後見契約の本人，□成年後見人，□保佐人，□補助人，□任意後見受任者・任意後見人，□成年後見監督人，□保佐監督人，□補助監督人，□任意後見監督人，□その他（　　　　　　　　　　）
	の
②	□氏名の変更，☑住所の変更，□本籍の変更，□その他（　　　　　　　　　）

(記入方法) ①および②の該当事項の□に☑のようにチェックしてください。（例：「①☑成年被後見人 の ②☑住所の変更」）

登記すべき事項

変更の年月日	平成　　×　年　×　月　×　日
変更後の登記事項	××県××市××町×丁目×番×号

(記入方法) 変更の年月日欄には、住所移転日などを記入し、変更後の事項欄には、新しい住所または本籍などを記入してください。

登記記録を特定するための事項

(本人の氏名は必ず記入してください。)

フリガナ	ア　ベ　　ツネ　ヤス
本人の氏名	阿 部 恒 靖

(登記番号がわかっている場合は、記入してください。)

登 記 番 号	第　　　　　　　　　　　　　　号

(登記番号を記入した場合には、以下の欄の記入は不要です。)

本人の生年月日	明治・大正・昭和・平成・西暦　　×　年　×　月　×　日生
本人の住所	××県××市××町×丁目×番×号（旧住所）
又は本人の本籍（国籍）	

添 付 書 類

該当書類の□に☑のようにチェックしてください。

①□法人の代表者の資格を証する書面（申請人が法人であるときに必要）
②□委任状，□その他（　　　　　　　　　）（代理人が申請するときに必要）
③☑登記の事由を証する書面（□戸籍の謄本又は抄本，□外国人登録原票記載事項証明書，□その他（　　　　　　　　　　　　））（注）住所の変更の場合に，登記官が本人確認情報の提供を受けて、住所の変更の事実を確認できないときには住民票の写しが必要
④□上記添付書類は、本件と同時に申請した他の変更登記申請書に添付した。

平成　×　年　×　月　×　日申請　　　　　東 京 法 務 局　御中
申 請 人　　住　所　××市××町×丁目×番×号
　　　　　　氏　名　巻 勇 樹　　　　　　　㊞（巻）
　　　　　　資　格（本人との関係）　成年後見人
　　　　　　連絡先（電話番号）　　××××-××-××××
上記代理人　住　所
　　　　　　氏　名　　　　　　　　　　　　㊞
　　　　　　連絡先（電話番号）

(記入方法) 申請人が法人のときは、「名称または商号」および「主たる事務所または本店」ならびに「代表者の氏名および住所」を記載してください。

[様式3-2]

登 記 申 請 書 (終了の登記)

登記の事由（終了の事由）	☑成年被後見人の死亡，□被保佐人の死亡，□被補助人の死亡 □任意後見契約の本人の死亡，□任意後見受任者・任意後見人の死亡 □任意後見契約の解除 □その他（　　　　×　年　×　月　×　日　　　　）
該当書類の□に☑のようにチェックしてください。	

終 了 事 由 の 年 月 日	平成　　×　年　×　月　×　日

(注) 終了事由の年月日欄には，死亡日，任意後見契約の解除の日などを記入してください。

登記記録を特定するための事項

(本人の氏名は必ず記入してください。)

フリガナ	モ　ニ　ワ　　タ　カ　シ
本 人 の 氏 名	茂　庭　崇　史

(登記番号がわかっている場合は，記入してください。)

登 記 番 号	第　　　　－　　　　号

(登記番号を記入した場合には，以下の欄の記入は不要です。)

本人の生年月日	明治・大正・昭和・平成／西暦　　×　年　×　月　×　日生
本 人 の 住 所	××県××市××台×番×号
又は本人の本籍 (国籍)	

添 付 書 類	□法人の代表者の資格を証する書面（申請人が法人であるときに必要） □委任状（□その他（　　　　　　　　　））（代理人が申請するときに必要） 〔登記の事由を証する書面〕 　□①合意解除の意思表示を記載した書面 　□②解除の意思表示を記載した書面の配達証明付内容証明郵便の謄本 　□③家庭裁判所の許可審判書及び確定証明書（任意後見監督人選任後の解除の場合に必要） 　□④その他（　　　　　　　　　　　　　　） (注) 被後見人等の死亡の場合に，登記官が本人確認情報の提供を受けて，死亡の事実を確認できないときには戸籍（除籍）の謄抄本，死亡診断書等が必要になります。
該当書類の□に☑のようにチェックしてください。	

(注) 任意後見監督人選任前の解除の場合は，①または②の（合意）解除の意思表示を受けた書面は，公証人の認証を受けたものであることを要します。

```
平成　×　年　×　月　×　日申請　　　　　　　東　京　法　務　局　御　中
申　請　人　　住　所　××市××町×丁目×番×号
　　　　　　　氏　名　加　地　照　幸　　　　　　　　㊞（加地）
　　　　　　　資　格（本人との関係）　成年後見人
　　　　　　　連絡先（電話番号）　××××-××-××××
上記代理人　　住　所
　　　　　　　氏　名　　　　　　　　　　　　　　　　㊞
　　　　　　　連絡先（電話番号）
```

(記入方法) 申請人が法人のときは，「名称または商号」および「主たる事務所または本店」ならびに「代表者の氏名および住所」を記載してください。

図表3-4a　嘱託を要する登記の手数料

登記の嘱託を要する審判等	登記の種類	手数料
裁判書記官からの嘱託		
後見開始の審判	後見開始の審判の登記	4,000円
保佐開始の審判	保佐開始の審判の登記	4,000円
補助開始の審判	補助開始の審判の登記	4,000円
保佐人または補助人の同意権または代理権付与の審判	変更の登記	2,000円 保佐開始の審判、補助開始の審判と同時になされたときは、不要
成年後見人等または成年後見監督人等の選任の審判	変更の登記	不要
成年後見人等または成年後見監督人等の辞任の許可の審判	変更の登記	2,000円
成年後見人等または成年後見監督人等の解任の審判	変更の登記	不要
数人の成年後見人等または成年後見監督人等についての事務の共同・分掌の定めの審判およびその取消しの審判	変更の登記	不要
保佐人または補助人の同意権または代理権付与の審判の取消しの審判	変更の登記	不要
成年後見人等または成年後見監督人等の職務執行停止・職務代行者選任の審判	変更の登記	2,000円
職務代行者の改任の審判	変更の登記	不要
職務執行停止・職務代行者選任の審判が効力を失った場合（本案の審判があった場合、保全処分の取消し、取下げ）	変更の登記	不要

『こうして使おう新成年後見制度』（税務経理協会）より一部転載

登記の嘱託を要する審判等	登記の種類	手数料
後見開始等の審判の取消しの審判	終了の登記	不要
職権による後見または保佐の移行の登記	職権による後見または保佐の移行の登記	
後見開始等の審判が効力を生じた場合において、任意後見法10条3項の規定により終了する任意後見契約についての登記嘱託	終了の登記	不要
裁判所書記官からの嘱託		
任意後見監督人の選任の審判（任意後見法4条1項の規定による場合）	変更の登記	2,000円
任意後見監督人の選任の審判（任意後見法4条4項または5項の規定による場合）	変更の登記	不要
任意後見法4条2項により後見開始等の審判を取り消す審判	終了の登記	不要
任意後見監督人の辞任の許可の審判	変更の登記	2,000円
任意後見監督人の解任の審判	変更の登記	不要
数人の任意後見監督人についての事務の共同・分掌の定めの審判およびその取消しの審判	変更の登記	不要
任意後見人の解任の審判	終了の登記	不要
任意後見監督人の職務執行停止・職務代行者選任の審判	変更の登記	2,000円
任意後見監督人の職務代行者の改任の審判	変更の登記	不要
任意後見人の職務執行停止の審判	変更の登記	2,000円
職務執行停止・職務代行者選任の審判が効力を失った場合（本案の審判があった場合、保全処分の取消し、取下げ）	変更の登記	不要
公証人からの嘱託		
任意後見契約の登記嘱託	任意後見契約締結の登記	4,000円

図表3-4b　申請を要する登記の手数料

登記の申請を要する審判等	登記の種類	手数料
法定後見等関係		
成年被後見人等の氏名、住所または本籍（国籍）の変更	変更の登記	不要
成年後見人等の氏名または住所の変更	変更の登記	不要
成年後見監督人等の氏名または住所の変更	変更の登記	不要
職務代行者の氏名または住所の変更	変更の登記	不要
成年後見人等または成年後見監督人等の死亡または破産等の欠格事由の発生	変更の登記	不要
成年被後見人等の死亡	終了の登記	不要
任意後見関係		
任意後見契約の本人の氏名、住所または本籍（国籍）の変更	変更の登記	不要
任意後見人（任意後見受任者）の氏名または住所の変更	変更の登記	不要
任意後見監督人の氏名または住所の変更	変更の登記	不要
職務代行者の氏名または住所の変更	変更の登記	不要
任意後見監督人の死亡または破産等の欠格事由の発生	変更の登記	不要
任意後見契約の本人の死亡または破産	終了の登記	不要
任意後見人（任意後見受任者）の死亡または破産	終了の登記	不要
任意後見人（任意後見受任者）についての後見開始の審判	終了の登記	不要
任意後見契約の解除	終了の登記	不要
その他		
成年被後見人とみなされる者等からの後見の登記の申請（戸籍からの移行）	申請による後見の移行の登記	4,000円
被保佐人とみなされる者等からの保佐の登記の申請（戸籍からの移行）	申請による保佐の移行の登記	4,000円

Q42 どんなことが登記されるか

成年後見登記制度において、「登記」が行なわれる事項にはどんなものがありますか

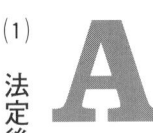

A ▽「登記」の行なわれる事項は

成年後見登記制度において、「登記」が行なわれる主な事項は次のようになっています。

(1) 法定後見の場合
① 後見、保佐、補助の別、開始の審判を行なった裁判所、審判の確定日
② 本人の氏名、生年月日、住所、本籍（外国人の場合は国籍）
③ 成年後見人等、成年後見監督人等の氏名、住所（法人の場合は名称、商号、主たる事務所、本店）
④ 保佐人、補助人の同意権、代理権の範囲（ただし、保佐人について法律で定められた事項＝詳細はQ6参照＝は、すべて同意が必要なので登記されません。また、後見人については、全面的に代理権、取消権をもつので、代理権、同意権の範囲

150

⑤ 後見人、後見監督人が複数選任された際の、権限を共同して行使すべきか、あるいはその権限を分けて行使すべきかについての家庭裁判所の決定
⑥ 後見等の終了の理由とその年月日

(2) 任意後見の場合

① 任意後見契約の公正証書を作成した公証人の氏名、所属、証書作成年月日
② 本人の氏名、生年月日、住所、本籍（外国人の場合は国籍）
③ 任意後見人、任意後見監督人の氏名、住所（法人の場合は名称、商号、主たる事務所、本店）
④ 任意後見人の代理権の範囲
⑤ 任意後見契約で複数の任意後見人が選任された際の、代理権を共同して行使する定めがある場合はその定め
⑥ 任意後見監督人が複数選任された際の、権限を共同して行使すべきか、あるいはその権限を分けて行使すべきかについての家庭裁判所の決定
⑦ 任意後見契約の終了の理由とその年月日

Q43 登記事項の証明とはどういうことか

成年後見登記制度において、登記事項の証明というのはどういうことですか

A ▽登記された内容を特定の人にだけ証明する

法定後見や任意後見に関する情報は、人の判断能力にかかわってくるために非常にプライバシー性の高いものです。したがって成年後見について「登記」された内容を誰でも閲覧できるというのは、好ましいことではありません。

その一方で、判断能力が不十分になって後見などを受けている本人と取引することや、実際は本人から「代理権」を与えられていない人が代理権を主張して取引を行なうようなことは、そのことを知らない取引相手にとって正当なものではなく、こうしたことも避ける必要があります。

そこで、**本人のプライバシー保護と取引の安全の調和を図る**という観点から、成年後見に関する登記の内容については、特定の人からの請求があった場合だけ、その登記された内容を証明する「登記事項証明書」(様式3-3〜3-5参照)が発行されるよ

うになっています。

たとえば、後見人が本人に代わって財産を売買したり、介護サービスの提供契約などを締結するときに、取引相手に対して登記事項証明書を提示することによって、その権限などを確認してもらったり、任意後見人が任意後見人の氏名や代理権の範囲を記載した登記事項証明書の交付を受けて、自分に与えられた代理権を証明することができます。取引の相手方も、登記事項証明書を見せてもらうことで、安心して取引を行なうことができるというわけです。

登記事項証明書には、次のような情報が記載されています。

① 後見、保佐、補助の別
② 本人の氏名、住所
③ 後見人、後見監督人の氏名、住所
④ 代理権や同意権の範囲など

▽ **「登記されていないこと」を証明する書類もある**

なお、法定後見や任意後見を受けていない人で、取引を行なうためや資格取得を行なうなどのために必要な場合は、そうした登記が行なわれていないことを証明する「登記されていないことの証明書」（様式3-6参照）の交付を受けることができます。

[様式3-3]

<pre>
                 登 記 事 項 証 明 書
                                                        ［後 見］

後見開始の裁判
 【裁 判 所】 ××家庭裁判所
 【事件の表示】 平成××年（家）第×号
 【裁判の確定日】 平成××年×月×日
 【登記年月日】 平成××年×月×日
 【登記番号】   第××－×号
成年被後見人
 【氏   名】 本山正剛
 【生年月日】   昭和×年×月×日
 【住   所】 ××県××市××町×丁目×番×号
 【本   籍】 ××県××市××町×番地
成年後見人
 【氏   名】 楢崎満男
 【住   所】 ××県××市××町×丁目×番×号
 【選任の裁判確定日】 平成×年×月×日
 【登記年月日】 平成×年×月×日
成年後見監督人
 【氏   名】 佐藤雅志
 【住   所】 ××県××市××町×丁目×番×号
 【選任の裁判確定日】 平成×年×月×日
 【登記年月日】 平成×年×月×日

  上記のとおり後見登記等ファイルに記録されていることを証明する。
   平成×年×月×日
      ××法務局　登記官   法務一朗   ［公印］

           ［証明書番号］ ××－×   （1／1）
</pre>

[様式3-4]

登 記 事 項 証 明 書　　　　　　　　　保 佐

保佐開始の裁判
【裁　判　所】　××家庭裁判所
【事件の表示】　平成×年（家）第×号
【裁判の確定日】　平成×年×月×日
【登記年月日】　平成×年×月×日
【登記番号】　第××－×号
被保佐人
【氏　　名】　小笠原伸二
【生年月日】　昭和×年×月×日
【住　　所】　××県××市××町×丁目×番×号
【本　　籍】　××県××市××町×番地
保佐人
【氏　　名】　小野能活
【住　　所】　××県××市××町×番地
【選任の裁判確定日】　平成×年×月×日
【登記年月日】　平成×年×月×日
【代理権付与の裁判確定日】　平成×年×月×日
【代理権の範囲】　別紙目録（※省略）記載のとおり
【登記年月日】　平成×年×月×日
保佐監督人
【氏　　名】　川口佑二
【住　　所】　××県××市××町×丁目×番×号
【選任の裁判確定日】　平成×年×月×日
【登記年月日】　平成×年×月×日

上記のとおり後見登記等ファイルに記録されていることを証明する。
　平成×年×月×日
　　　××法務局　登記官　　　　　　　　法務一朗　　公 印

[証明書番号]　××－×　　　　　　　　（1／2）

[様式3-5]

<pre>
　　　　　　　　登 記 事 項 証 明 書
　　　　　　　　　　　　　　　　　　　　　　　　任意後見
任意後見契約
  【公証人の所属】　××法務局
  【公証人の氏名】　公証太郎
  【証書番号】　平成×年第×号
  【作成年月日】　平成×年×月×日
  【登記年月日】　平成×年×月×日
  【登記番号】　第××－×号
任意後見契約の本人
  【氏　　名】　中澤正剛
  【生年月日】　昭和×年×月×日
  【住　　所】　××県××市××町×丁目×番×号
  【本　　籍】　××県××市××町×番地
任意後見人
  【氏　　名】　楢崎誠一郎
  【住　　所】　××県××市××町×丁目×番×号
  【代理権の範囲】　別紙目録記載のとおり
任意後見監督人
  【氏　　名】　巻　恒靖
  【住　　所】　××県××市××町×丁目×番×号
  【選任の裁判確定日】　平成×年×月×日
  【登記年月日】　平成×年×月×日

  上記のとおり後見登記等ファイルに記録されていることを証明する。
  　平成×年×月×日
  　　　××法務局　登記官　　　　　　法務一朗　　　　公印

　　　　　　　　[証明書番号]　××－×　　　　　　（1／2）
</pre>

[様式3-5別紙]

登記事項証明書

任意後見

別紙　代理権目録（楢崎誠一郎）　　　　登記年月日　平成×年×月×日
1．財産の管理・保存・処分等に関する事項
　・甲に帰属する別紙「財産目録」（※省略）記載の財産及び本契約締結後に甲に帰属する財産（預貯金を除く。）並びにその果実の管理・保存
　・上記の財産（増加財産を含む。）及びその果実の処分・変更
　　　売却
　　　賃貸借契約の締結・変更・解除
　　　担保権の設定契約の締結・変更・解除
2．定期的な収入の受領及び費用の支払に関する事項
　・定期的な収入の受領及びこれに関する諸手続
　　　家賃・地代
　　　年金・障害手当金その他の社会保障給付
　・定期的な支出を要する費用の支払及びこれに関する諸手続
　　　家賃・地代
　　　公共料金
　　　保険料
　　　ローンの返済金
3．生活に必要な送金及び物品の購入等に関する事項
　・生活費の送金
　・日用品の購入その他日常生活に関する取引
　・日用品以外の生活に必要な機器・物品の購入
4．介護契約その他の福祉サービス利用契約等に関する事項
　・介護契約（介護保険制度における介護サービスの利用契約、ヘルパー・家事援助者等の派遣契約などを含む。）の締結・変更・解除及び費用の支払
　・要介護認定の申請及び認定に関する承認又は異議申立て
　・介護契約以外の福祉サービスの利用契約の締結・変更・解除及び費用の支払
　・福祉関係施設への入所に関する契約（有料老人ホームの入居契約等を含む。）の締結
　・変更・解除及び費用の支払
　・福祉関係の措置（施設入所措置等を含む。）の申請及び決定に関する異議申立て
5．医療に関する事項
　・医療契約の締結・変更・解除及び費用の支払
　・病院への入院に関する契約の締結・変更・解除及び費用の支払

［証明書番号］××-×　　　　（2／2）

[様式3-6]

登記されていないことの証明書

①氏　名	宮本　慎二
②生年月日	明治 □　大正 □　昭和 ☑　平成 □　又は　西暦 □　　××年　×月　××日
③住　所	都道府県名：××県　　市区郡町村名：××市××町 丁目大字地番：×－×－×
④本籍／□国籍	都道府県名：××県　　市区郡町村名：××市××町 丁目大字地番（外国人は国籍を記入）：×丁目×番地

上記の者について、後見登記等ファイルに成年被後見人、被保佐人とする記録がないことを証明する。

平成×年×月×日
　　××法務局　登記官　　　　　法　務　一　朗　　[公印]

［証明書番号］　　2006A-97857

Q44 どうやって「登記事項証明書」などを入手するか

成年後見登記制度において、「登記事項証明書」「登記されていないことの証明書」はどうやれば入手することができますか

A

▽ **入手できる人は限られている**

まず、「登記事項証明書」の交付を請求できるのは、本人のプライバシー保護と取引の安全の調和を図る観点から、①登記記録に記載されている人（**本人、成年後見人、成年後見監督人、任意後見受任者、任意後見人、任意後見監督人など**）、②その他（**本人の配偶者や四親等内の親族**＝25頁の図表1-1参照、国または**地方公共団体の職員**＝職務上の必要がある場合のみ）に限られています。

なお、これら以外の人が、取引相手であることを理由に証明書の交付を請求することはできませんので、登記情報を確認する場合は、本人に尋ねたり、本人や家族などに登記事項証明書の提出を受けることになります。

一方、「**登記されていないことの証明書**」については、誰でも自らの証明書の交付を求めることができます。

▽「申請書」を提出して請求する

証明書の交付は、所定の「申請書」（様式3-7参照）に必要事項を記載して、手数料（登記事項証明書が一〇〇〇円、登記されていないことの証明書が五〇〇円）を「登記印紙」で申請書に貼付して申請します。申請書は、①最寄りの法務局、②ファクシミリ、③インターネットで入手できます（詳細は144頁の図表3-3参照）。

本人など登記記録に記載されている人が証明書の交付をする場合には、申請書以外の添付書面は必要ありませんが、本人の配偶者や四親等内の親族が請求する場合には、その資格を証する書面として、本人との親族関係がわかる戸籍の謄抄本などを添付する必要があります。

本人からの委任を受けた代理人も、本人に代わって証明書の交付を請求することができますが、この場合には「委任状」の添付が必要となります（様式3-8、3-8副参照）。

申請は、**東京法務局後見登録課**（連絡先等は144頁の図表3-3参照）、または**各法務局・地方法務局戸籍課**の窓口に直接行ないます。東京法務局後見登録課へ郵送してもかまいませんが、その場合は宛名を書いて郵便切手を貼った返信用の封筒を同封する必要があります。

[様式3-7]

登記事項証明申請書
（成年後見登記用）

東京 法務局　御中
平成 × 年 × 月 × 日申請

請求される方 （請求権者）	住　所	××県××市××町×－×－×	登記印紙を貼るところ 登記印紙は割印をしないでここに貼ってください。
	（フリガナ）	サトウ　ススム	
	氏　名	佐藤　進　　　　　　　　　㊞（佐藤）	
		連絡先（電話番号　××××－××××－××××）	
請求される方の資格	1□ 本人（成年被後見人、被保佐人、被補助人、任意後見契約の本人、後見・保佐・補助命令の本人） 2☑ 成年後見人　6□ 成年後見監督人　7□ 保佐監督人　8□ 補助監督人 3□ 保佐人　　　9□ 任意後見監督人　10□ 配偶者　11□ 四親等内の親族 4□ 補助人　　　12□ 未成年後見人　13□ 未成年後見監督人　14□ 職務代行者 5□ 任意後見受任者　15□ 財産の管理者 （任意後見人）		登記印紙は収入印紙と違いますので注意してください。
代理人 （上記の方から頼まれた方）	住　所		登記印紙は1通につき1,000円です
	（フリガナ）		（ただし、1通の枚数が10枚を超える場合は、超える5枚ごとに200円が加算されます）
	氏　名	㊞	
		連絡先（電話番号　　　－　　　－　　　）	
添付書類	□ 戸籍謄本又は抄本など本人との関係を証する書面 （上欄中10、11、12、13の方が申請するときに必要。発行から3か月以内のもの） □ 委任状（代理人が申請するときに必要） □ 法人の代表者の資格を証する書面 （上欄中2～9の方が法人であるときに必要。発行から3か月以内のもの）		
後見登録等の種別及び請求の通数	☑ 後見　□ 保佐　□ 補助　　　　（　1　通） □ 任意後見契約　　　　　　　　（　　　通） □ 後見命令　□ 保佐命令　□ 補助命令　（　　　通）		

●登記記録を特定するための事項

（フリガナ）	ハセベ　タカシ
本人の氏名 （成年被後見人等）	長谷部　崇史
（登記番号がわかっている場合は、記入してください。）	
登記番号	第　　　－　　　号

（登記番号が不明の場合に記入してください。）

本人の生年月日	明治・大正・㊐和・平成／西暦　　×年　×月　×日生
本人の住所	××県××市××町×丁目×番×号
又は本人の本籍 （国籍）	

交付通数		交付枚数 （合計）	手数料	交付方法	受付			
10枚まで	11枚以上			□ 窓口交付 □ 郵送交付	交付	年	月	日
						年	月	日

記入方法等　1　二重線の枠内の該当事項の□に☑のようにチェックし、所要事項を記入してください。
　　　　　　2　「登記記録を特定するための事項」には、登記番号が判っている場合は、本人の氏名と登記番号を、不明な場合は本人の氏名・生年月日・住所又は本籍（本人が外国人の場合には、国籍）を記載してください。
　　　　　　3　郵送請求の場合には、返信用封筒（あて名を書いて、切手を貼ったもの）を同封し下記のあて先に送付してください。

申請書送付先：〒102-8226　東京都千代田区九段南1-1-15　九段第2合同庁舎
　　　　　　　　東京法務局民事行政部後見登録課

[様式3-8]

登記事項証明申請書
(成年後見登記用)

東 京 法務局　御 中

平成 × 年 × 月 × 日申請

請求される方 (請求権者)	住　所	××県××市××町×-×-×	
	(フリガナ)	フクニシテル ユキ	
	氏　名	福西 照幸　　　　　　　　　㊞(福西)	
		連絡先（電話番号）	

請求される 方の資格	1 □ 本人（成年被後見人、被保佐人、被補助人、任意後見契約の本人、後見・保佐・補助命令の本人） 2 ☑ 成年後見人　　6 □ 成年後見監督人　7 □ 保佐監督人　8 □ 補助監督人 3 □ 保佐人　　　　9 □ 任意後見人　10 □ 配偶者　11 □ 四親等内の親族 4 □ 補助人　　　12 □ 未成年後見人　13 □ 未成年後見監督人　14 □ 職務代行者 5 □ 任意後見受任者　15 □ 財産の管理者 　　（任意後見人）

代理人 (上記の方から頼まれた方)	住　所	××県××市××町×-×-×
	(フリガナ)	モニワ アキラ
	氏　名	茂庭 亮　　　　　　　　　㊞(茂庭)
		連絡先（電話番号　03 - 5213 - 1360 ）

添付書類	□ 戸籍謄本又は抄本など本人との関係を証する書面 （上欄中10、11、12、13の方が申請するときに必要。発行から3か月以内のもの） ☑ 委任状（代理人が申請するときに必要） □ 法人の代表者の資格を証する書面 （上欄中2～9の方が法人であるときに必要。発行から3か月以内のもの）

後見登録等 の種別及び 請求の通数	☑ 後見　□ 保佐　□ 補助　　　　　（　1　通） □ 任意後見契約　　　　　　　　　（　　通） □ 後見命令　□ 保佐命令　□ 補助命令　（　　通）

●登記記録を特定するための事項

(フリガナ)	カ ジ ユウ キ
本人の氏名 (成年被後見人等)	加 地 勇 樹

（登記番号がわかっている場合は、記入してください。）

登記番号	第　　　　　-　　　　　号

（登記番号が不明の場合に記入してください。）

本人の生年月日	明治・大正・㊐和・平成／西暦　× 年 × 月 × 日生
本人の住所	××県××市××町×丁目×番×号
又は本人の本籍 (国籍)	

交付通数		交付枚数	手数料	交付方法	受付		
10枚まで	11枚以上	(合計)		□ 窓口交付 □ 郵送交付	交付	年	月　日
						年	月　日

登記印紙を 貼るところ

登記印紙は割印 をしないでここに 貼ってください。

登記印紙は 収入印紙と 違いますの で注意して ください。

登記印紙は 1通につき 1,000円です

（ただし、1通の枚 数が10枚を超え た場合は、超える 5枚ごとに200円 が加算されます）

記入方法等
1. 二重線の枠内の該当事項の□に☑のようにチェックし、所要事項を記入してください。
2. 「登記記録を特定するための事項」には、登記番号が判っている場合は、本人の氏名と登記番号を、不明な 場合は本人の氏名・生年月日・住所又は本籍（本人が外国人の場合には、国籍）を記載してください。
3. 郵送請求の場合には、返信用封筒（あて名を書いて、切手を貼ったもの）を同封し下記のあて先に送付して ください。

申請書送付先：〒102-8226　東京都千代田区九段南1-1-15　九段第2合同庁舎
　　　　　　　東京法務局民事行政部後見登録課

[様式3-8副]

委　任　状

住　所　　××県××市××町×丁目×番×号
氏　名　　茂　庭　　亮

　　私は，上記の者を代理人と定め，次の権限を委任する。

1　登記事項証明書1通の申請及び受領に関する一切の権限
　　（成年被後見人　加　地　勇　樹）

平成×年×月×日

住　所　　××県××市××町×丁目×番×号
氏　名　　　福　西　照　幸　　　　　㊞（福西）

[様式3-9]

登記されていないことの証明申請書
(後見登記等ファイル用)

東 京 法 務 局 御 中
平成 × 年 × 月 × 日申請

窓口または郵送で申請書を出される方の住所・氏名	住 所	××県××市××町×丁目×番×号		登記印紙を貼るところ
	(フリガナ)	ア ベ ヤスヒト		登記印紙は割印をしないでここに貼ってください。
	氏 名	阿部 保仁 連絡先(電話番号)××××-××-×××× 阿部㊞		
	証明の対象者との関係	☑本人 □代理人 □その他( )		請求通数 1通当たり500円
申請書を出される方が代理人の場合に記入	代理人に委任した方の住 所			
	代理人に委任した方の氏 名			登記印紙は収入印紙と違いますのでご注意ください。
添付書類 (本人が申請する場合は不要)	□ 委任状(代理人が申請するときに必要) □ 戸籍謄抄本等親族関係を証する書面(配偶者・四親等内の親族が申請するときに必要) □ その他 ( )			
証明事項 (いずれかの□にチェックしてください)	☑ 成年被後見人、被保佐人とする記録がない。(後見・保佐を受けていないことの証明が必要な方) □ 成年被後見人、被保佐人、被補助人とする記録がない。(後見・保佐・補助を受けていないことの証明が必要な方) □ 成年被後見人、被保佐人、被補助人、任意後見契約の本人とする記録がない。(後見・保佐・補助・任意後見を受けていないことの証明が必要な方) □ その他 ( ) 「かっこ内に証明を必要とする事項を具体的に記入。例えば、成年後見監督人でないことの証明が必要な方は、「成年後見監督人とする記録がない。」と記入。」			
請求通数	1 通	※請求通数は右詰めで算用数字で記入してください。		

◎証明の対象者　機械処理をするため、字画をはっきりと、住所又は本籍は番号、地番まで記入してください。

フリガナ	ア ベ　ヤ ス ヒ ト
①氏 名	阿 部 保 仁
②生年月日	明治 大正 昭和 平成 西暦　□ □ ☑ □ □ ×× 年 × 月 × 日
③住 所	××県××市××町×丁目×番×号
又は本籍 (国籍)	

	証 明 事 項		交付枚数 (合計)	手数料	交付方法
(登記所が記載します)	10枚まで	11枚以上			□ 窓口交付 □ 郵便交付
	受付 年 月 日		交付 年 月 日		

記入方法：1．該当事項の□に☑のようにチェックし、所要の事項を記入してください。
　　　　　2．証明の対象者の氏名のフリガナ欄は、例えば、ヤマタ　タロウ　と左詰め(氏と名の間1字空き)でカタカナで記入、ひらがな名、カタカナ名の方も必ずフリガナ欄に記入してください。
　　　　　生年月日欄は、例えば、昭和に☑し、│4│0│年│1│1│月│1│1│日と右詰めで算用数字で記入。
　　　　　③の欄は、住所又は本籍(外国人の場合は国籍)のいずれか一方の記入で差し支えありません。
　　　　　3．証明事項については、証明書提出先の官公庁等にご確認ください。法務局ではお答えできません。
　　　　　4．郵送請求の場合は、返信用封筒(あて名を書いて、切手を貼ったもの)を同封してください。
申請書送付先：〒102-8226　東京都千代田区九段南1-1-15　九段第二合同庁舎　東京法務局　民事行政部　後見登録課

Q45 「禁治産」「準禁治産」の記載はどうなるか

成年後見登記制度が導入されて、これまで「禁治産」「準禁治産」の宣告を受けている人の戸籍上の記載はどうなりますか

A ▷戸籍からの「移行の登記」を申請することができる

二〇〇〇年から新しい成年後見制度が導入されたことにより、それぞれ「禁治産」「準禁治産」の宣告を受けていた人は、それぞれ「成年被後見人」「被保佐人」とみなされます。

ただし、宣告を受けた旨の戸籍の記載や後見人の権限は有効なため、それらの証明に戸籍謄本を使用することができますが、そうしたことに抵抗がある場合や「移行の登記」を利用したい場合には、戸籍の記載を「後見登記等ファイル」に移す「移行の登記」を申請することができます。

この登記が行なわれると、法務局の「登記官」から本人の本籍地の市区町村へ通知され、禁治産および準禁治産の記載されていない新しい戸籍がつくられることになります。このことを「戸籍の再製」と言います。

図表3-5 「移行の登記申請書」の添付書面

(1) 申請人の資格（本人との関係）を証する書面（申請人の戸籍の謄本または抄本など）
(2) 成年被後見人、被保佐人とみなされる人の戸籍の謄本または抄本（禁治産宣告、準禁治産宣告を受けている旨の記載のあるもの。外国人のときは、審判書の謄本など成年被後見人、被保佐人であることを証する書面）
(3) 禁治産宣告、準禁治産宣告をした裁判所およびその事件の表示を証する書面（審判書の謄本など）
(4) 成年被後見人、成年後見人および成年後見監督人、被保佐人または保佐人とみなされる人の住所を証する書面（住民票の写し、戸籍の附票の写しなど）
(5) 成年被後見人、被保佐人とみなされる人が外国人のときは、その国籍を証する書面（外国人の登録原票記載事項証明書、旅券の写しなど）

なお、この登記の申請がなされないと、禁治産および準禁治産の戸籍上の記載はそのままとなります。

後見または保佐への移行の登記申請ができるのは、禁治産、準禁治産の宣告を受けている本人、その配偶者、四親等内の親族（25頁の図表1-1参照）のほか、成年後見人または保佐人とみなされる人などです。

▽**登記申請は書面で行なう**

登記申請は、成年被後見人または被保佐人とみなされる人の氏名、生年月日、住所および本籍など所定の事項を記載し、申請人または代理人が記名・押印した書面に、1件につき4,000円の手数料（登記印紙）を貼って、**東京法務局の後見登録課**（連絡先等は144ページの図表3-3参照）に直接提出するか、書留郵便により申請してください。

登記申請書は、所定の事項が記載されていればとくに様式は問いませんが、参考までに記載例を示しておきます。

[様式3-10]

登　記　申　請　書（後見の登記）

登記の事由	後見登記等に関する法律附則第2条第1項			
成年被後見人とみなされる方	フリガナ	エンドウ　シンジ		
	氏　名	遠藤　伸二		
	生年月日	明治・大正・㊒昭和・平成／西暦　　×年×月×日		
	住　所	××県××市××町×丁目×番×号		
	本籍(国籍)	××県××市××町×丁目×番地		
成年後見人とみなされる方	フリガナ	エンドウ　セイイチロウ	就職の日	
	氏　名	遠藤　誠一郎	昭和・㊒平成　×年×月×日	
	住　所	××県××市××町×丁目×番×号		
成年後見監督人とみなされる方 (選任されているときにのみ記載)	フリガナ		就職の日	
	氏　名		昭和・平成　年　月　日	
	住　所			
禁治産宣告をした裁判所・事件の表示	裁判所名	東京家庭裁判所		
	事件番号	平成×年（家）第×号		
禁治産宣告の裁判確定日	平成×年×月×日			
添付書類 (該当事項の□に☑のようにチェックし、所要事項を記入してください。)	☐①申請人の資格を証する書面（例：申請人の戸籍の謄本又は抄本など） ☐②委任状（代理人が申請するときに必要） ☑③成年被後見人とみなされる方の戸籍の謄本又は抄本（禁治産宣告を受けている旨の記載のあるもの）（外国人であるときは、禁治産宣告を受けていること及びその裁判確定日を証する書面） ☑④禁治産宣告をした裁判所名及び事件番号を証する書面（例：審判書の謄本） ☐その他（　　） ☑⑤成年被後見人、成年後見人及び成年後見監督人とみなされる方の住所を証する書面 ☐⑥国籍を証する書面（成年被後見人とみなされる方が外国人であるときに必要） （備考）④の添付ができないときは「その他」欄に具体的な理由を記載の上、「裁判所名」及び「事件番号」欄に「不詳」と記載してください。			
登記手数料	金4,000円			

平成　年　月　日申請　　　　　　　　　　　　東京法務局　御中
　申請人　住　所　　××県××市××町×-×-×
　　　　　氏　名　　遠藤　誠一郎　　　　　　　　　　㊞(遠藤)
　　　　　資　格（本人との関係）成年後見人
　　　　　連絡先（電話番号）××××-××-××××
　上記代理人　住　所
（委任状の添付必要）氏　名　　　　　　　　　　　　　　　　　　㊞
　　　　　　　連絡先（電話番号）

```
登記印紙添付欄

         ※登記印紙 4,000円分を添付して下さい。
```

[様式3-11]

登　記　申　請　書（保佐の登記）

登　記　の　事　由	後見登記等に関する法律附則第2条第2項		
被　保　佐　人 とみなされる方	フリガナ	カワグチ　マコト	
	氏　　　名	川　口　　誠	
	生　年　月　日	明治・大正・㊐和・平成／西暦　　×年×月×日	
	住　　　所	××県××市××町×丁目×番×号	
	本籍(国籍)	××県××市××町×丁目×番地	
保　　佐　　人 とみなされる方	フリガナ	カワグチ ヒサト	就　職　の　日
	氏　　　名	川　口　寿　人	昭和・㊍成　×年×月×日
	住　　　所	××県××市××町×丁目×番×号	
準禁治産宣告をした 裁判所・事件の表示	裁判所名	東京家庭裁判所	
	事件番号	平成×年（家）第×号	
準禁治産宣告の裁判確定日	平成×年×月×日		
添　付　書　類 (該当事項の□に☑のようにチェックし、所要事項を記入してください。)	□①申請人の資格を証する書面（例：申請人の戸籍の謄本又は抄本など） □②委任状（代理人が申請するときに必要） ☑③被保佐人とみなされる方の戸籍の謄本又は抄本（準禁治産宣告を受けている旨の記載のあるもの）（外国人であるときは，準禁治産宣告を受けていること及びその裁判確定日を証する書面） ☑④被保佐人とみなされる方であることを証する書面（例：審判書の謄本） ☑⑤準禁治産宣告をした裁判所名及び事件番号を証する書面（例：審判書の謄本） □その他（　　　　　　　　　　　　　　　　　　　　　　　　　　　） ☑⑥被保佐人及び保佐人とみなされる方の住所を証する書面 □⑦国籍を証する書面（被保佐人とみなされる方が外国人であるときに必要） （備考）④の添付ができないときは「その他」欄に具体的な理由を記載の上，「裁判所名」及び「事件番号」欄に「不詳」と記載してください。		
登　記　手　数　料	金4，000円		

平成　年　月　日申請　　　　　　　　　　　　　東京法務局　御中
　申請人　　住　所　　××県××市××町×－×－×
　　　　　　氏　名　　川　口　寿　人　　　　　　　　　　　㊞（川口）
　　　　　　資　格（本人との関係）保佐人
　　　　　　連絡先（電話番号）××××－××－××××
　上記代理人　住　所
　(委任状の添付必要)　氏　名　　　　　　　　　　　　　　　　　　　㊞
　　　　　　　連絡先（電話番号）

登記印紙添付欄

　　　　　※登記印紙 4,000円分を添付して下さい。

Column 成年後見制度はどう使われているか

　まだ十分に利用されているとは言いがたい成年後見制度ですが、最高裁判所の発表（2004年4月～2005年3月分）からその利用のされ方を見てみましょう。

　コラム1で触れたように、成年後見関係の申立て件数は年間で1万7000件程度です。その申立ての動機を見てみると、財産管理処分が六割弱で、遺産分割協議（約9％）を含めると、全体の七割弱が財産管理関連であることがわかります。

　一方、身上監護は二割弱、介護保険契約は4％弱でしかありません。判断能力の不十分な人が、悪徳商法や消費者金融の被害に遭うのを防ぎ、適切な介護サービスを利用できるようにしようという狙いとは、やや違った使い方がされていると言えます。

　この背景には、判断能力が不十分で介護が必要な高齢者でも、第三者の後見人等を選ばず、家族が制度を悪用し、高齢者の預貯金や年金を勝手に使ってしまったりしていることがあるようです。

　身寄りがいなかったり疎遠な人の場合、市町村長が後見人の選任を申し立てることができますが、それは全申立て件数の約3％しかありません。

　任意後見監督人選任の申立て件数は、年間で約240件、任意後見契約の登記は、やはり年間で約3800件しかありませんでした。

第4章 遺言制度と遺産相続

遺言編

Q46 遺言とはどんなものか

遺言というのはどんなものですか

A ▽本人が亡くなった後にどうしてほしいかの希望を伝えるもの

成年後見制度は、判断能力が不十分になった人について、悪徳商法の被害などに遭わないよう、法的に保護・支援しようというものです。

とくに新たに導入された任意後見制度は、本人の判断能力が十分なうちに、将来に備えて自ら準備でき、まさに自己決定権を尊重した制度と言うことができるでしょう。

ただし、任意後見も法定後見も本人が死亡したら終了するため、原則として亡くなった後のことについてまで本人の意思が活かされるわけではありません。そこで注目されるのが「**遺言制度**」です。

遺言は、自分の死後に発生するであろう問題を見越して、どんなふうに処理してほしいかを意思表示しておくものです。どんな内容を遺言してもかまいませんが、法的に有効なのは図表4-1のような事項に限られています。なかでも、本人が生涯をかけ

図表4-1　遺言として認められる内容

(1) 子の認知
(2) 遺言執行者の指定
(3) 遺贈
(4) 後見人、後見監督人の指定
(5) 相続人の廃除
(6) 相続分の指定
(7) 遺産分割方法の指定
(8) 遺産分割の禁止（5年間禁止できる）
(9) 相続人相互の担保責任の指定
(10) 遺留分減殺方法の指定

て築き、守ってきた大切な財産をどう活用してもらうか、つまり遺産相続に関する事項というのは、たいへん重要です。

「遺産相続なんて一部の資産家だけの問題だ」と思っている人が多いのですが、どんな家庭にも多い少ないはあっても財産は存在します。その財産の配分を巡って、親族間で争いの起こることが少なくないのです。

それまで仲のよかった身内が骨肉の争いを起こすようなことは、当人たちはもとより、財産を遺した本人にとってもとても悲しいことだと言わざるを得ません。そうした悲劇を防止するためにも、遺言はとても重要な働きをしてくれます。

Q47 一般的に遺産相続はどう行なわれるか

遺言がない場合、遺産相続はどんなふうに行なわれますか

A

▽相続できる人の範囲や順番が決まっている

亡くなった人の財産を受け継ぐことができる人のことを「相続人」と呼び、家族や身内が相続人になるのが一般的です。ただし、家族や身内の誰もが相続人になれるわけではなく、民法八八九条によって相続人になれる「法定相続人」の範囲とその順位が定められています（図表4-2参照）。

まず、被相続人の配偶者は常に相続人となります。次に血族相続人には順位があり、被相続人の子、孫などの「直系卑属」が第一順位、父母、祖父母などの「直系尊属」が第二順位、兄弟姉妹、甥や姪といった「傍系の血族」が第三順位です。これにより、先の順位の該当者がいなければ次の順位の人へと相続の権利が移ります。

▽「法定相続分」は遺産分割の目安

遺産を誰がどれだけ相続するかという「相続分」についても民法九〇〇条に定めが

174

図表4-2　法定相続人の範囲と順位

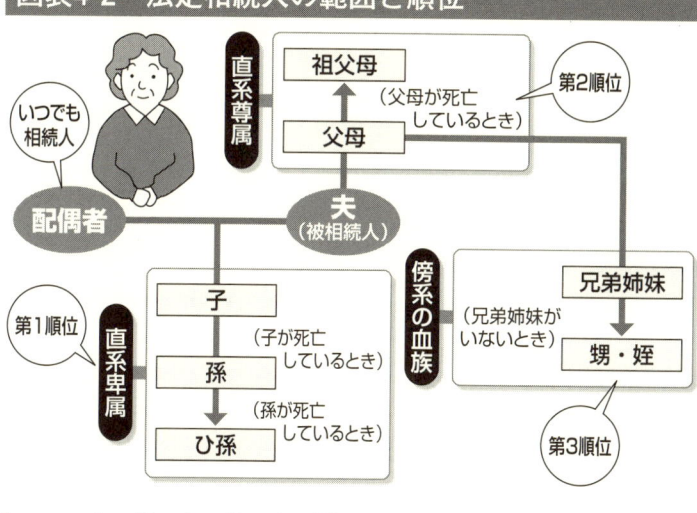

- 配偶者（いつでも相続人）
- 夫（被相続人）
- 直系尊属：父母 → 祖父母（父母が死亡しているとき）　第2順位
- 直系卑属：子 → 孫（子が死亡しているとき）→ ひ孫（孫が死亡しているとき）　第1順位
- 傍系の血族：兄弟姉妹 → 甥・姪（兄弟姉妹がいないとき）　第3順位

あり（図表4-3参照）、これを「**法定相続分**」と言います。法定相続分は、あくまで**遺産分割**の目安です。相続人同士で話し合ってお互いの納得が得られれば、法定相続分どおりでなくともそれで遺産分割することもできます。

法定相続分は、たとえば標準家庭と言われるような夫婦と子供二人の家族で夫婦のどちらかが亡くなると、遺された三人が相続人となり、相続分は配偶者が半分で残りの半分を子供が二人で分けることになります。最近増えている夫婦に子供一人という家庭では、遺された配偶者と子供がそれぞれ半分ずつ相続します。

被相続人の配偶者が亡くなっていたり、離婚が成立していたりすれば、子供

図表4-3 相続人と法定相続分の関係

相続人	法定相続分
配偶者と子供	配偶者1/2、子供1/2
子供のみ （配偶者がすでに死亡している場合）	子供が全部
配偶者と親	配偶者2/3、親1/3
親のみ （配偶者がすでに死亡している場合）	親が全部
配偶者と兄弟姉妹	配偶者3/4、兄弟姉妹1/4
兄弟姉妹のみ （配偶者がすでに死亡している場合）	兄弟姉妹が全部 （均等分割）
配偶者のみ （他の相続人がすでに死亡している場合等）	配偶者が全部

と被相続人の親（父母）がいても、相続分は全てが子供となります。

被相続人に子供も親もいない場合には、配偶者と被相続人の兄弟姉妹が相続人になります。その場合の相続分は、配偶者が四分の三で、兄弟姉妹は四分の一（複数いれば、それを均等分割）となります。

この場合は、問題の起こるケースが少なくなく、そうしたことを避けるためには遺言を使うのが有効です。

Q48 「相続人」以外に財産を与えたい場合は

遺言を使って、本来「相続人」でない人に対しても遺産を遺すことはできますか

A ▽法律上の要件を満たさないと「相続人」にはなれない

「相続人」というのは、法律で相続の権利を保証されている人のことです。「相続権」をもつことができるかどうかは、その人が法律上の要件をきちんと満たしているかどうかにかかってきます。つまり、戸籍上、亡くなった人（「被相続人」）の親族でなければ、相続人にはなれないのが原則なのです。

そのため、何十年間も一緒に暮らしていても、入籍せずに内縁関係のままの人が亡くなっても、遺された人は配偶者としての相続権はないということになります。逆に、入籍してすぐに相手が亡くなったとしても、戸籍上、確実に関係が証明されているため、遺された人は相続人として認められるのです。

しかし、法律ではそうだとしても、人間は感情の動物です。法律的には相続人としての権利をもっていても、心を許すことのできない相手もいれば、相続人ではないけ

れど心が通い合っていて、遺産を遺したい相手がいてもおかしくはありません。

▽遺言によって相続人以外の人への「遺贈」も可能になる

そうしたことを考えると、自分が亡くなった後に相続人以外に財産を遺したい場合には、生前になんらかの手を打っておく必要があります。

たとえば、実の子供より、孫とか子供の奥さんのほうが子供以上に自分に尽くしてくれていたとします。そのことに報いたいと思ったら、そうした人たちと**養子縁組**をするというのも一つの方法です。そうすることによりその人たちは、法律上にも認められる相続人となり、他の相続人といっさい分け隔てなく遺産を受け取る権利ができます。

また血縁関係はなくても、親身になって身の回りのことをしてくれたお手伝いさんや近所の人、入院中に世話をしてくれた看護師さんとか、そういう人に遺産のなかからいくらかお礼をしたいという場合、そうした要望をきちんと遺言に遺しておくようにします。

そうすることによって、遺産分割の際に被相続人の遺志が優先され、法律的には相続人に当たらないような人にも、財産を遺すこと（「遺贈」）が可能になります。

Q49 「相続人」なのに相続させたくない場合は

遺言を使って、本来「相続人」ではあるものの遺産を相続させたくない相手に相続させないことはできますか

A ▽遺言で家族関係にもっともふさわしい相続のしかたが決められる

「法定相続」では子供は平等の「相続分」をもちますが、たとえば「被相続人」が、自分をずっと支えてくれた子供とそうでなかった子供に差をつけたいと考えるようなことは、ごく自然だと考えられます。したがって、財産を遺す人が、その家族関係に最もふさわしい相続のしかたを遺言しておくことは、遺された家族にとっても必要なことだと言えます。つまり、遺産相続については、法定相続分という決まり切った分配のしかたをしたのでは不合理な場合も多く、法律のそうした面を補完するのが遺言制度でもあるわけです。

もし家族や世間に迷惑ばかりかけている子供がいて、その子に財産を譲りたくないと考えたなら、家庭裁判所に申し立てて、調停または審判を受けるというやり方があります。これは「相続人の廃除」（民法八九二条参照）という制度ですが、本人の反論

図表4-4　相続人の廃除となる理由

(1)　被相続人を虐待した
(2)　被相続人に重大な侮辱を加えた
(3)　その他著しい非行があった

図表4-5　相続欠格となる理由

(1)　被相続人や自分より先順位の相続人、同順位で相続人になるはずの人を故意に殺害したり、殺害しようとしたために刑に処せられた
(2)　被相続人が殺害されたことを知りながら、そのことを告訴・告発しなかった
(3)　詐欺・強迫により、被相続人に遺言させたり、遺言を取り消させたり変更させたりした
(4)　詐欺・強迫により、被相続人が遺言しようとするのを取り消したり変更したりするのを妨げた
(5)　被相続人の遺言書を偽造・変造したり、破棄、隠匿した

もあるでしょうし、非行内容をどう判断するかという問題もあるので、決定までには時間がかかるようです。

また、相続人の非行がさらに激しくなり、被相続人や自分より相続の順位が先にある人を殺したり、あるいはそうしようとしたことがわかれば、「**相続欠格**」（民法八九一条参照）といって、相続人の権利を法律的に失わせる制度もあります。

Q50 どんな遺言でも有効か

遺言がどんなものであっても、従わなければならないのですか

A ▽**法律的に認められるものなら絶対的な効力をもつ**

現在の法律では、自分の財産をどう処分するかは、存命中か死後かにかかわらず、所有者が自由にできることになっています。遺言というのはそのための意思表示ですから絶対的な効力があり、遺された人たちは基本的にその内容に従う必要があります。

ただ、遺言が効力を発揮するためには、それが法律的に認められるものでなければなりません。なぜなら、もし走り書きのメモのようなものでも遺言として認められることになると、簡単に偽造される恐れも出てくるからです。

▽**行き過ぎた遺言を抑制するための「遺留分」という制度がある**

また、長年連れ添った配偶者も子供もいる人が、「財産のすべては愛人に」などという遺言を遺したりすると、それは大きな問題になります。たしかに様式さえ整ってい

れば、その遺言は法律的には有効ですが、そんな内容は社会通念上、許されないからです。

そこで、そうした行き過ぎた遺言を抑制するためにあるのが、「**遺留分**」という制度です。これは、被相続人が遺産の分割についてどんな考えをもっていようと、特定の相続人には一定の遺産を確保することができるというものです。遺留分が受けられるのは、配偶者、子供や孫といった直系卑属、父母である直系尊属に限られており、被相続人の兄弟姉妹には遺留分はありません。

遺留分がどのくらい認められるかについては、直系尊属だけが相続人の場合には、被相続人の財産の三分の一、そのほかの場合には、被相続人の財産の二分の一となっています。

気をつけなければならないのは、遺留分が認められる相続人でも、そのことを黙っていたのでは、それだけの遺産が確保されるわけではないということです。この制度では、あくまで侵害された遺留分があれば、その旨を主張することによってそれを取り戻せるというものなのです。したがって、自分の遺留分が侵害されていて、それを回復しようと思ったら、「**遺留分減殺請求**」といって、遺留分が侵害されたことを知った日から一年以内に、請求することが必要なのです。

Q51 絶対に遺言が必要な場合は

> 相続に関して、絶対に遺言を遺しておいたほうがよいというのはどんな場合ですか

A ▽とりわけ遺言の必要性が高いケースは

一般的には、ほとんどの場合において、自分たち家族の状況にふさわしい形で財産を相続できるよう遺言しておくことが必要だと思いますが、とりわけ次のようなケースは必要性が高いのではないでしょうか。

(1) 子供のいない夫婦の場合

子供のいない夫婦のどちらかが亡くなって相続が発生した場合、亡くなった人の親が存命であれば、比較的スムーズに相続が進みます。この場合は配偶者と親にしか「相続権」はありませんし、仮にそれまで嫁と舅姑としての争いのようなことがあっても、「法定相続分」がそれぞれ三分の二と三分の一とはっきりしているなど、あまり複雑な要素が存在しないからです。

よく問題になるのは、すでに被相続人の親が亡くなっていて、遺された配偶者と被

図表4-6　こんな場合は絶対に遺言が必要

(1) 子供のいない夫婦の場合
  ・被相続人の親が亡くなっていると、配偶者と被相続人の兄弟姉妹の間で争いが起こりやすい
(2) 子供の嫁にも遺産を分けたい場合
  ・相続税との兼ね合いで、生前贈与や養子縁組も有効
(3) 内縁関係にある夫婦の場合
  ・入籍も視野に入れて、遺言と生前贈与を考えるとともに、子供がいたら認知しておく

相続人の兄弟姉妹が相続人になるケースです。兄弟姉妹の数が多かったり、そのうち何人かが亡くなっていても、その子供が何人もいるなどすると、相続人の数が非常に増えることが多いからです。

一般的に、相続人の数が増えれば増えるほど意見の調整は面倒ですし、普段からあまり行き来のない者同士が腹を割って話し合うこともむずかしいものです。

また、住んでいる場所が多岐にわたれば、意見を聞いて歩くにも、必要な書類に印鑑をもらうにしても、大変な手間がかかることになります。その結果、話し合いがうまくいかずに争いごとが起こるといったことが多いのです。

したがって、生前によほど兄弟姉妹と

の関係が良好で、彼らにもぜひ遺産を遺したいと思うのであれば話は別ですが、通常は、被相続人の兄弟姉妹が相続人にならないように、事前に遺言で準備しておくほうが無難でしょう。

(2) 子供の嫁にも遺産を分けたい場合

老齢の夫婦が、献身的に尽くしてくれる子供の嫁に対して、なんとか報いたいと思ったとしてもなんら不思議ではありません。ただし原則としては、子供の嫁という立場では「**法定相続人**」にはなれません。そこで、「子供の嫁である○○にも、これこれの財産を遺す」という遺志を遺言書にして遺し、法律的に相続が認められるようにすることが有効です。

ちなみに、相続税との兼合いを見極めて「**生前贈与**」をしたり、そのお嫁さんとの間で「**養子縁組**」をするという方法も有効です。

(3) 内縁関係にある夫婦の場合

国の行なっている制度のなかには、たとえば社会保険の関係のように、内縁関係の場合でもその権利を認めて、給付等がされたりするものもあります。しかし相続の問題について言えば、実態はどうあれ、戸籍上は他人である内縁関係の夫婦間には相続権はありません。ですから、内縁関係の夫婦であるなら、そのことを大前提にしたう

え、お互いにとってプラスになるような対策を打つことが必要です。

まず、「入籍」して法律的に相続を可能にすることを検討してみます。可能であるならば、これを機会に正式な夫婦としてやっていくことは、相続の問題だけに限らず好ましいことだと思います。もちろん、多くの事情がそうした決断をむずかしいものにしているからこそ、現在の姿があるのでしょう。入籍するのが困難であれば、やはり遺言と生前贈与を使うのが現実的です。

ただし遺言の場合には、正式な配偶者や子供には「遺留分」（詳細はＱ50参照）がありますから、すべての遺産を内縁関係の妻や夫に遺すということはむずかしくなります。遺された人がモメごとに巻き込まれないようにするためには、法律上の家族に対しても遺留分を考えて遺産分割するという遺言内容にするなど、妥協が必要かもしれません。

内縁関係の二人の間に子供が生まれていれば、「認知」しておくことが大切です。そうしておけば、その子供には法律的に相続権が認められますし、遺された人はその子供を介して相続権を行使することが可能になるからです。こちらも困難を排して、ぜひ実行しておくべき対策です。

186

Q52 できれば遺言したほうがよい場合は

相続に関して、できれば遺言を遺しておいたほうがよいというのはどんな場合ですか

A ▽遺言があったほうが安心なケースは

遺産相続は親しくしてきた人たちの間でも争いごとに発展しかねませんから、そうした事態を避けるためにも、遺言を有効に使いたいものです。

たとえば、以下のようなケースでは遺言を使うのがよいと思われます。

(1) **再婚して、先妻にも後妻にも子供がいる場合**

相続時の権利上の大きなポイントになるのは、後妻の子供というのが、自分との間に生まれた子供なのか、それとも連れ子なのかということです。自分との間に生まれた子供であるならば、先妻との子供と同等の権利をもっています。

連れ子である場合には、さらに養子縁組をしているかどうかがポイントになります。養子縁組をした子供であれば、やはり先妻の子供と同等の権利をもっていますが、そうでなければ法律上は、相続については無関係な立場ということになります。

図表4-7　遺言があったほうがよいと思われる場合

(1) 再婚して、先妻にも子供がいる場合
(2) 事業経営や農業をしている場合
(3) その他
・相続人ごとに承継させたい財産を指定する場合
・とくに優遇したい相続人がいる場合
・寄付したい個人や団体があったりする場合など
・不動産はなるべく共有にしない

このようにそれぞれの権利関係を押さえ、しかも感情面にも配慮したうえで、自分の気持ちをきちんと整理し、必要ならば養子縁組を行なったり、生前贈与をしておくべきですが、きちんとした遺言書をつくっておくことも必要です。

(2) 事業経営や農業をしている場合

家族経営が行なわれている中小企業や農業の場合、その事業を行なう財産的基盤を複数の相続人に分割して相続してしまうと、事業自体が成り立たなくなることも多いものです。事業が継続できるかどうかは、一族、従業員やその家族にも影響を及ぼす重大な問題ですから、事業者の相続というのは一般の人以上に適切に行なうようにしなければなりません。

後継者をきちんと選び、その人に対して、まずは工場とか社屋、その土地や備品、株式といった「**事業用資産**」が確実に渡るようにすることが必要不可欠です。具体的には、生前贈与をするか、遺言でその旨を明確にしておくということになります。

遺言は、遺産全体のことに触れていなくても、部分的な分割について示した内容でも有効ですから、ともかく「事業用の土地（具体的な地番や面積など）は○○に相続させる」ということだけでも遺言しておけばいいと思います。

(3) その他

こうした以外にも、不動産は皆で分けることがむずかしいので、これを誰に相続させるか決めておくといったように、相続人ごとに承継させたい財産を指定する場合も遺言が有効です。

ここで気をつけたいのは、不動産は可能な限り、兄弟姉妹の共有にしないということです。仮に納税などでどうしても共有にする必要がある場合は、少なくとも、その不動産に直接利害関係のある人は共有者からはずすことが重要です。

また、障害のある子供に多めに遺したいなどといった希望が強い場合、あるいは相続人がまったくいなくて、とくに寄付したい個人や団体があったりする場合なども、きちんとその旨の遺言をしておくのがよいと思います。

Column 遺言制度に関する勘違い

「遺言」というと、皆さんはどんな印象があるでしょうか。遺言の制度は古くから存在し、制度そのものを知らないという人はほとんどいないと思います。しかし、その内容についてどの程度理解しているかというと、専門家以外はかなり不十分だと言わざるを得ません。とくに高齢者の皆さんの場合、それは顕著です。

なかでも、代表的な勘違いは、①遺言は、資産家だけに関係がある、②遺言は、すべて自分の手で書かなければいけない、の二点だと思います。

多くの資産をもたない家庭でも、何らかの財産はあるはずです。それを遺された人たちで分けるときに、遺言がないために争いが起きることが少なくありません。

また、遺言は法的な様式が整っていないと効力が発生しません。そのため、公証人を介して遺言する「公正証書遺言」が一般的になっています。これなら、自分の手ですべて書く必要もないのです。

さらには、遺言がなければ限られた人にしか遺産を渡すことはできませんが、遺言があれば、自分によくしてくれた人に報いるような遺産の分け方を指定することもできます。

自分が死んだ後に家族が争ったりしないよう、遺言できちんと意思表示をしておくことを考えてみてはいかがでしょうか。

第5章

遺言の手続き

遺言編

Q53 遺言はどうやって行なうか

相続に関して遺言を遺すには、どんな方法がありますか

A ▽法的に認められる「遺言書」にする必要がある

遺言は、遺言する人の真意を確実に実現させる必要があるため、決められた方式にしたがって「遺言書」にしなければ、法的に認められません。

遺言書には、大きく分けて「普通方式」と「特別方式」の二つの方式があり、さらに普通方式の遺言書には、①「自筆証書遺言」、②「公正証書遺言」、③「秘密証書遺言」の三とおりがあります。

それぞれの特徴は、次のようになっています。

(1) 普通方式の遺言書

①自筆証書遺言

名前のとおり、あくまでも自分で書くことが前提になっており、ワープロやタイプで書かれたものは無効となるものです。他にも、年月だけで日付の入っていないもの

（ただし、日付は年月日で示さなくとも、「何回目かの誕生日」のように遺言書が書かれた日が特定できれば有効とされています）、署名が姓だけのものも無効になってしまうので注意が必要です。

費用もかからず、いつでも書けるというメリットがありますが、複雑な内容になると法的に不備がでてきたり、病気等で手が不自由になり、字が書けなくなった人は利用できないなどのデメリットがあります。

自分で書いて保管しておくわけですから、その内容を秘密にしておくことが可能ですが、逆に、いざ相続問題が起こっても、遺言書のあることを誰も知らずに、せっかくの遺言が実行されないおそれもあります。また、確実に本人が書いたものだと証明することもむずかしく、偽造が疑われて裁判で争われるようなことも少なくありません。

そうしたこともあって自筆証書遺言は、家庭裁判所で相続人全員が立ち会って開封することが義務づけられています。このことを「検認」（詳細はQ54参照）と言います。

②公正証書遺言

遺言の内容を「公証人」に口述筆記してもらうなどして作成するものです。公証人

と証人に遺言内容を知られてしまいますが、偽造の疑いを受けることはなく、三種類の遺言書のなかでは最も信ぴょう性が高いものと言えます。また、遺言書を本人と「公証役場」の両方で保管するので、破損したり紛失したりする危険性はまずありません。

こうした点から現在では、遺言のほとんどは公正証書遺言として作成されるようになっています。

なお、民法の改正によって、二〇〇〇年一月から、口がきけない人や耳の聞こえない人でも、公正証書遺言をすることができるようになりました。

つまり、口がきけなくても自分で書くことのできる人であれば、公証人の面前でその趣旨を書いてみせて公証人にその意思を伝えることができるので、公正証書遺言ができます。また、病気などのために手が不自由で書くことのできない人の場合は、通訳人を通じてその意思を公証人に伝えれば、やはり公正証書遺言をすることができるのです。

また、公正証書遺言は、作成後に遺言者と証人の前で読み聞かせることによってその正確性を確認することになっていますが、耳の聞こえない人のために、読み聞かせに代えて通訳人の通訳または閲覧により、筆記した内容の正確性を確認することがで

194

図表5-1　普通方式遺言の比較

	書く人	証人・立会人	秘密保持	検認
自筆証書遺言	本人	不要	適している	必要
公正証書遺言	公証人（口述筆記）	証人2人以上必要	公証人と証人には内容が知られる	不要
秘密証書遺言	誰でも可能（本人が望ましい）	証人2人以上と公証人1人が必要	適しているが、遺言があることが公証人と証人に知られる	必要

③秘密証書遺言

本人が書くことが望ましいものの、実際は誰が書いても構わないのが「秘密証書遺言」です。ただし、その遺言書がたしかに本人によってつくられたものであることを、公証人と二人以上の証人に証明してもらわなければなりません。

これにより、遺言の内容については「秘密」が守られ、なおかつ遺言書がきちんと保管され、その内容の信ぴょう性についても比較的、信頼を置くことができます。その反面、遺言書を書く人に法的な知識が乏しければ、内容的に不備なものになってしまう危険性もあります。

この場合にも、①の自筆証書遺言と同

様に検認の手続きが必要です。

(2) 特別方式の遺言書

一方、特別方式の遺言書というのは、言ってみれば非日常的な場面で行なわれる遺言のことです。飛行機が墜落したとか船が遭難したといった場面での「緊急時遺言」、また、深い山の中とか無人島といった、ほとんど人の存在が認められないようなところで行なわれる「隔絶地遺言」の二つがありますが、通常であれば滅多にあるものではありません。

特別方式というのは、まさに「特別」な場合に行なわれるものなので、通常の場合のような法的な様式が整っていなくても、遺言として認められます。

ただし、紙に書くことができないとか、言葉を発することができないなどのケースも想定されたり、その場に居合わせた人が自分に都合のいいように主張するといったことも予想されるだけに、警察官のような公の立場の証人が必要になるなど、細かい条件を満たす必要があります。

196

Q54 「自筆証書遺言」は、どうやって実行されるか

「自筆証書遺言」の場合には、家庭裁判所の「検認」という手続きがまず必要になります。

▽まず遺言書の存在を認める手続きが必要

「自筆証書遺言」の場合には、家庭裁判所の「検認」という手続きがまず必要になります。

というのも自筆証書遺言は、作成されたことが「公証人」などの第三者によって証明されたものではないからです。また、封がされていなくても有効とされていますから、誰もがその内容を知る可能性があり、その結果、自分に不利な内容を改ざんするような者がいても、誰にも気づかれない危険性があるからです。

そこで、遺言書に書かれた内容がすぐに実行されるのではなく、家庭裁判所において、こういう内容の遺言書があったということが認められてから、効力が発揮されるようなしくみになっているのです。

実際の検認の手続きでは、家庭裁判所に「法定相続人」が全員呼ばれ、遺言内容が

読み上げられます。そのうえで、裁判官が「こういう遺言書がありましたよ、わかりましたね」ということで印鑑を押すことよって、その遺言書の存在が法的に認められます。ただし裁判所は、その遺言内容の正当性まで認めるわけではありません。

こうして、その遺言書の存在自体が認められたことによって、遺言書に書いてある内容が、守られるべきことがらとして成立します。そして、その内容に沿って、たとえば法務局へ登記するようなこともらとして認められることになります。

▽**次に遺言書の内容を確認する**

その後は、その遺言書に書いてある内容について疑問点がないか、相続人の全員が確認することが必要になります。これも、内容について不満があるかどうかではなく、あくまでも被相続人が示した内容であると確認し合うということです。

内容に不満のある相続人がいてもそれは後の問題で、とりあえず、「この遺言書は被相続人が書いたもので間違いない」とみんなが認めないといけないのです。もしその段階で、相続人のなかの誰か一人でも異議を唱える者がいれば、その問題をまず解決しないことには、遺言書の内容がスタートできません。

▽**遺言内容の検討に入る**

一連の手続きを経て、相続人全員が遺言書に問題のないことを確認できたら、そこ

で初めて遺言内容について検討することができます。

遺言書は、基本的には故人の遺志を伝えるものですから、できるだけその内容に沿って相続が行なわれるべきです。ただし、遺言書の内容がすべて合理的であるとは限りませんし、もし相続人同士で円満な話合いが行なわれ、より合理的でなおかつ故人の遺志も生かせるようにできるのであれば、遺言の内容を変更することも可能です。

その場合は、やはり相続人全員の同意を得なければなりませんし、同意を得たうえで全員の印鑑をもらった書類にしておかなければなりません。これを「**遺産分割協議書**」と言います。

気をつけなければならないのは、封がされた自筆証書遺言の扱いです。一般的に遺言書という重要な書類を、封をしないままにするというのはあまり考えられませんが、自筆証書遺言は封がされていなくても有効だからと勝手に開封してしまうと、その遺言内容は無効になってしまいます。

封をしたまま裁判所に持っていって、相続人の全員を呼んで、その前で開封するという手続きが必要になります。

Q55 「公正証書遺言」は、どうやって実行されるか

「公正証書遺言」は、どんな手続きを経て実行されるのですか

A ▽作成時に専門家がかかわるので実行時の「検認」は不要

「公正証書」というのは、遺言書に限らず、お金の貸借や離婚したときの子供の養育費の取り決めなど、個人の間で結んだ契約の内容を法的に証明してくれる書類です。全国に約三〇〇ある「公証役場」という国営の機関で、「公証人」を通じて作成します。公証人は、検事や裁判官などの法律の専門家として三〇年以上の経験をもった準公務員で、全国で五五〇人近くが存在しています。

公正証書は、偽造・改ざんされるという心配がなく、内容が本物であることを法的に証明する力が高いものです。公正証書遺言の場合、作成時に推定相続人以外の証人が二名必要ですが、実行時の裁判所の「検認」（詳細はQ54参照）は不要となります。

▽**遺言内容も保証される**

こうして遺言書の内容が本物であることが法的に証明されるために、遺産分割のし

かたについても記載どおりの内容がいちおう保証されることになります。

そこで、一定の相続人が法的に最低限保証されているという「**遺留分**」（詳細はQ50参照）というものが侵害されていないかが検討されます。つまり、①配偶者、直系卑属（子供や孫）、直系尊属（父母）であれば遺留分がありますし、②その他の場合には、被相続人の財産の二分の一が遺留分です。その結果、自分や自分の子供の遺留分が侵害されていることがわかったら、その当人が「**遺留分減殺請求**」をするかどうかを決めます。

遺言者は自分で文章を書く必要はなく、あらかじめ遺言したいことを箇条書きにして公証人に提出しておけば、公証人が完全な文章にしてくれます。当日は、早ければ三〇分、長くとも一時間ぐらいで終了します。このときに注意したいのは、遺言する人の実印と印鑑証明書をきちんとチェックしておくことです。

現在では、遺言をしようとする人に障害があったり、入院するなどして公証役場に出向けない場合には、交通費や別途手数料を払い、公証人に出張してもらって遺言を作成することや、筆談や手話でも遺言書をつくることが可能になっています。また、公正証書は原本、正本、謄本の三通をつくり、原本については公証役場で半永久的に保存されるため、仮に紛失しても再発行してもらえるので、その点でも安心です。

[様式5-1]

平成×年第×号
　　　　　　　　遺　言　公　正　証　書
本職は、遺言者福西誠の嘱託により、後記証人の立ち会いのもとに、遺言者の下の遺言の趣旨の口述を筆記し、この証書を作成する。
第一条　遺言者は、遺言者の所有するすべての財産を遺言者の妻照子（昭和×年×月×日生）、遺言者の長男寿人（昭和×年×月×日生）の二名に相続させる。ただし、分割の方法については妻照子、長男寿人の二名の協議にて決定すること。
第二条　前条の遺言者の妻照子が遺言者より先に死亡したとき（同時死亡を含む）は、前条により妻照子に相続させる財産を、遺言者の前記長男寿人に相続させる。
第三条　遺言者は、遺言者の長女崇子（昭和×年×月×日生）、同二女雅江（昭和×年×月×日生）の二名については、既にそれぞれが結婚の際に資金を援助し又これまでにいろいろと贈与してきたので相続させない。
第四条　遺言者は、祖先の祭祀を主宰すべき者として、前記長男寿人を指定する。
第五条　遺言者は、次の者を遺言執行者に指定する。
　　　　××県××市××町×丁目×番×号
　　　　　　弁護士　　　　本山慎二（昭和×年×月×日生）
付言事項　　子供たちへ。
　　私は福西家及び皆のことを考えて遺言しました。内容に不満のある場合も、福西家の存続、発展のために我慢してもらいたい。間違っても争いごとをおこすことのないよう、くれぐれもお願いします。
　　　　　　　　　　　本旨外要件
××県××市××町×丁目×番×号
　　遺言者　　会社役員　　　福西　誠（昭和×年×月×日生）
上は印鑑証明書の提出により人違いでないことを証明させた。
××県××市××町×丁目×番×号
　　証人　　弁護士　　　　　本山慎二（昭和×年×月×日生）
××県××市××町×丁目×番×号
　　証人　　税理士　　　　　　三浦　繁（昭和×年×月×日生）
遺言者及び証人に読み聞かせたところ、各自この筆記の正確なことを承認し、次に署名捺印する。
　　　　　　　　　　　　　　　　　　遺言者　　福西　誠　　印
　　　　　　　　　　　　　　　　　　証　人　　本山慎二　　印
　　　　　　　　　　　　　　　　　　証　人　　三浦　繁　　印
この証書は、民法第九百六拾九条第壱号ないし第四号の方式に従って作成し、同条第五号に基づき本職次に署名捺印する。
平成×年×月×日、本職場において。
××県××市××町×丁目×番×号
　　　××法務局所属　　　　　　　　公証人　　小野勇樹　　印

Q56 「公正証書遺言」作成に必要な資料や費用は

「公正証書遺言」を作成するには、どんな資料を用意すればいいのですか。また、費用はどれくらいかかりますか。

A

▽公的な書類にするための資料が必要

「公正証書遺言」は、「公証人」という専門家の手を借りて作成されますので、法的な不備もなく、遺言者の意図を十分に反映した内容で作成することができます。また、遺言書の内容が本物であることが法的に証明されるために、遺産分割のしかたについても記載どおりの内容がいちおう保証されることになります。作成に際しては、図表5-2のような資料が必要になります。

▽手数料は政令で定められている

また、作成費用は「手数料令」という政令で次のように定められています。

(1) まず、遺言の目的である財産の価額に応じて、手数料の基準が定められています（図表5-3参照）。

(2) この基準を前提にしたうえで、以下の点を勘案します。

図表5-2　「公正証書遺言」作成に必要な資料

(1) 遺言者本人の印鑑登録証明書および実印
　　（ただし、印鑑登録証明書がなくとも、運転免許証や障害者手帳など写真付きの身分証明書があれば、認印でも遺言できる場合があります）
(2) 遺言者と相続人との続柄がわかる戸籍謄本
(3) 財産を相続人以外に遺贈する場合には、その人の住民票
(4) 財産のなかに不動産がある場合には、その登記事項証明書（登記簿謄本）と、固定資産評価証明書または固定資産税・都市計画税納税通知書中の課税明細書
(5) 遺言者が証人を用意する場合には、証人予定者の名前、住所、生年月日および職業のメモおよび認め印

① 財産の相続または「遺贈」を受ける人ごとにその財産の価額を算出し、これを先の基準表に当てはめて、その価額に対応する手数料額を求め、これらの手数料額を合算して、当該遺言書全体の手数料を算出します。

② 「遺言加算」といって、全体の財産が一億円未満のときは、前記①で算出された手数料額に、一万一〇〇〇円が加算されます。

③ さらに、遺言書は通常、原本、正本、謄本と三部作成し、原本を公証役場に残し、正本と謄本を遺言者と証人が受け取るので、これら遺言書の作成に必要な用紙の枚数分（ただし、原本については四枚を超える分）に

図表5-3 「公正証書遺言書」作成の手数料の基準

（目的財産の価額）	（手数料の額）
100万円まで	5000円
200万円まで	7000円
500万円まで	11000円
1000万円まで	17000円
3000万円まで	23000円
5000万円まで	29000円
1億円まで	43000円

1億円超の部分については、以下のように加算されます。

1億円超〜3億円	5000万円ごとに1万3000円
3億円超〜10億円	5000万円ごとに1万1000円
10億円超〜	5000万円ごとに 8000円

について、一枚当たり二五〇円の費用がかかります。

④遺言者が病気または高齢等のために体力が弱り、公証役場に出かけることができず、公証人が病院や自宅、老人ホーム等に赴いて公正証書を作成する場合には、前記①の手数料に50％加算されるほか、公証人の日当と、現地までの交通費がかかります。

ただし、実際に手数料の算定をする際には、他の点が問題になる場合もあるので、公証役場に尋ねてみたほうがよいと思います。

Q57 「秘密証書遺言」は、どうやって実行されるか

「秘密証書遺言」は、どんな手続きを経て実行されるのですか

A ▽第三者を介して遺言者本人が作成したことが明確になる

遺言の内容を誰がつくろうと、被相続人が自筆で書いてあれば、それが「自筆証書遺言」です。一方この「秘密証書遺言」は、遺言内容は必ず自分でつくり、それを自分で書いてもいいというものです。ですから、ワープロ書きでも有効として扱われます。

この書面に遺言者が署名押印をしてこれを封じ、遺言書に押印した印章で封印したうえ、公証人と二人以上の証人にその封書を提出し、自分が作成した遺言書である旨と自分の氏名および住所を述べます。

それらを公証人がその封紙上に日付とともに記載した後、遺言者および二人以上の証人とともにその封紙に署名押印することで作成されます。

こうした手続きを経由することによって、その遺言書が間違いなく遺言者本人のも

206

のであることを明確にでき、かつ遺言の内容を誰にも明らかにせず秘密にすることができます。

▽ **内容を秘密にできるかわりに内容の保証はされない**

その一方で、公証人はその遺言書の内容まで確認することはできませんので、遺言書の内容に法律的な不備があったり、紛争の種になったり、無効となってしまう危険性がないとは言えません。

秘密保持のために封がしてあるわけですから、それを勝手に開封した人がいれば、その人は相続人としての権利を失いますし、その遺言書そのものも効力を失います。

ただし、残った他の相続人がその遺言内容を認めれば、その遺言書は再び有効になります。

「自筆証書遺言」と同様に、この遺言書を発見した人が家庭裁判所に届け出て、「検認」（詳細はＱ54参照）を受ける必要があるなど、細かい要件を満たすことで、遺言として有効性をもちます。

Q58 遺言書で相続財産などをどう書き出すか

遺産相続のために遺言をする場合、相続財産などをどんなふうに書き出したらいいですか

A 遺産相続をスムーズに行なうために遺言をする場合、遺産分割の方法や「相続人」各人の「相続分」をどうするかといった内容が重要になってきます。

▽何をどのように「遺贈」するかには二つの書き方がある

遺言によって自分の財産を他人に遺すことを「遺贈」と言います。他人といっても、自分以外の人間という程度の意味で、家族や親族などを対象にするというのが一般的ですが、その相手が必ずしも相続人である必要はありません。通常の相続人となる自分の配偶者や子供以外に、自分の兄弟姉妹や実の孫、あるいは子供の配偶者のように、相続の権利をもたない人であっても、あるいは血縁関係がまったくない第三者であっても、遺産をその人に譲る旨を法的な要件を満たした遺言書に書いておけば、遺贈することになんら問題はないのです。

遺産のうち、何をどのように遺贈するかについては、たとえば「○○の土地を譲る」といった指定をする「特定遺贈」というやり方と、「遺産のうちの○○の割合を譲る」という指定をする「包括遺贈」というやり方があります。

(1) 「特定遺贈」

譲るべき遺産を特定したい場合は、その遺産について細部にまできちんと指定しておく必要があります。たとえば、自分の所有している土地を譲りたいのなら、「○○市○○町○番地の土地○平方メートルを○に与える」というように、その土地がどこにあってどれくらいの面積かなどを、細かく正確に指定しておかなければなりません。

こうすることによって、具体的に書き出した財産については確実に指定した相続人に相続させることができ、そのまま名義をその相続人に変更することができるからです。

(2) 「包括遺贈」

「自分の財産の○分の一を遺贈する」といった表現は許されますが、その場合も土地などについては、番地や面積を正確に示さなければならないのは、「特定遺贈」の場合と同様です。

さらに「所有している土地の○分の一」などとした場合には、当然これは複数の人間で共有することになりますから、誰と共有させるのか、場合によってはどのように

分けるのかなどについても言及しておかなければならないなど、できるだけ明確に細かく遺言書に記載しておかなければなりません。

▽ **記載漏れで問題を引き起こさないようにする**

また、土地の遺贈に付随して、私道とか借地権などに関する記載が漏れてしまうことがよくあります。たとえば、通り抜けできる私道などは固定資産税がかからないために、固定資産税の一覧表には記載されておらず、遺言書を作成する際にも、つい書き漏らしてしまいがちです。

それから借地権も、登記簿謄本に載っているわけではありません。借地権の上に立つ建物は実際に確認できるのですが、謄本に記載のない借地権はつい忘れがちです。契約書があれば確認できるのですが、それさえ見つからないということがよくあります。そうした場合、やはり遺言書への記載が漏れてしまうことになりかねません。

些細なことと思われるかもしれませんが、たとえば遺贈を受けた人がその土地を売ろうとしても、当然私道も含まれていないといけないのに、私道部分の名義が亡くなった人のままでは売ることはできません。

そうすると、その名義変更のために、再び他の相続人の全員から印鑑証明書をもらうなどの手間がかかります。また、手間だけならまだしも、そんな余計なことでいっ

210

たんおさまった「争族」に再び火をつけてしまうことがないとも言えません。ですから、そういう意味でも私道や借地権についての記載漏れは、絶対に避けなければならないのです。

このようにして指定した以外の財産については、「残った財産および債務は、すべてを誰に相続させる」といった書き方をするほうがいいと思います。そうしないと、相続させたい財産が漏れ、宙に浮いてしまうことがないとは限らないからです。

また、財産内容というのは、年々変化していくのが普通です。遺言書に書いておきながら、一部の財産を手放すこともあるでしょうし、新たに財産を増やす場合もあります。仮に手放してしまった財産については、現物がないわけですから、問題になることは少ないでしょうが、新たに増えた財産については、誰も相続する人がいないというケースも出てきます。

そうしたことを避けるためにも、先のように特定の財産の相続人を指定した後で、「指定した以外の財産および債務については誰に相続させる」といった包括的な書き方をする必要があります。

Q59 遺言書はいつ書けばよいか、またその内容は修正できるか

> 遺言書は何歳くらいから書いたらよいですか。また、いったん作成した遺言書の内容を、修正したり取り消したりすることはできますか

A
▽「相続問題」に限れば早いに越したことはない

法的には一五歳以上になれば遺言はできますが、四〇代くらいまでの人が自分の「相続問題」についてそんなに切実に考えているかというと、それは大いに疑問です。しかし、相続の問題に限って遺言の時期について考えると、早いに越したことはありません。一般的には、五〇歳くらいになったら、そろそろ相続や、遺言についても考えるべきではないでしょうか。

では、なぜ相続のための遺言を遺すのなら、早いほうがいいのでしょうか。それは、相続（税）対策というのは早くから時間をかけて行なうことによって、ムリなくさまざまな手法を使うことができるからです。

税務署は、納税者が節税してはいけないなどと考えてはいません。相続税に関しても、いろいろな特例や特別控除などの節税のための特典があり、合理的・合法的にそ

れらを使うことを妨げられることもありません。

ところが、ある人が健康に不安を感じてから、急にバタバタと脱税まがいの行為を始めたりすると、それらについて厳しい目で追及を始めるのです。「生前贈与」にしても同様です。

▽ **内容の修正や取消しは何回でもできる**

遺言は早いうちに行なうほうがいいというもう一つの理由としては、自分の判断能力がしっかりしているうちに、相続人の状況などもいろいろと勘案して、相続の内容について決めることができ、さらに状況が変わったら遺言の内容を変更していくことも可能だからです。

遺言を作成したときにはその内容が最善だと思っていても、その後、家族関係を取り巻くさまざまな状況や財産の内容が変化したり、心境が変わったりすることによって、遺言の内容を修正したり撤回したいと思うようになることもあり得ます。遺言は、その人の最終的な意思を法的に保護しようという制度ですから、そうした修正や取消しは、いつでも何回でもすることができるのです。

ただし、修正や取消しについても、その種類は問わずに遺言の方式にしたがって行なわれる必要があります。

こんなわかりきったことが実行されていないのには、人は若く健康なときには自分の死を想像しにくいということに加え、遺言書は面倒なものだという思い込みがあるからだと思います。

たとえば、昔は「**公証役場**」の数も少なくて、ほとんどが自筆で遺言していたことの名残りから、遺言書は全部自分で書かなければならないと思っている人が多いです。実際は、口頭で伝えるとかメモ書きしてあれば、それを公証人がまとめてくれ、非常に信ぴょう性の高い「**公正証書遺言**」が簡単にできます。

また、遺言の内容をすべて一度に書かなければならないと思っている人も多いのですが、とりあえず書けることから書いていくということでもいっこうにかまわないのです。

Q60 遺言書が二つあった場合は

遺言書が二種類見つかった場合は、どう対処したらいいのですか

A ▽原則としては日付の新しいものが有効

複数の遺言書が見つかった場合には、とりあえず日付の新しいものが有効とされます。もちろん、それぞれの遺言書の様式がきちんと整っているということが前提となることは、言うまでもありません。

ただ、仮に二通の遺言書があり、それぞれの内容がまるで異なる場合には、全面的に新しい日付のものの内容に従えばいいのですが、新しい遺言書が古いものの内容の一部分にしか触れてないような場合は判断に迷います。

たとえば、古い遺言書には一〇項目についてどうしてほしいかが書いてあるとします。一方、新しい遺言書では、古い遺言書の五番目で触れていた「Aという土地の相続について、相続人を乙とする」としか書いてないとします。古い遺言書ではAという土地の相続人は甲としてあったのにです。

こういうときには、新しい遺言書が古い遺言書の一部を訂正するものと考えます。

つまり、この例であれば、古い遺言書の五番目を除いた項目はすべて有効とするとともに、五番目の項目については新しい遺言書に従うのです。決して古い遺言書の内容が全部無効になるわけではありません。

▽ **医師などに確認することが必要な場合もある**

ただし、新しい遺言書に「古い遺言書の内容は破棄する」旨が記されていれば話は別で、新しい遺言書に書かれた内容だけを実行すればいいのです。

通常であればこのように、遺言書は新しい日付のものの内容を優先すればいいのですが、注意が必要なケースもあります。たとえば、ある人が亡くなり三通の遺言書が出てきたとします。原則どおりに考えるなら、一番新しい日付の内容に従えばいいのですが、被相続人はある時期から寝たきりの状態になり、その一番新しい日付の遺言書を作成した頃にはかなり痴呆の症状が進んでいたような場合には、被相続人を診ていた担当の医師や周囲にいた家族に確認することも必要です。

それでも、相続人同士で言い分が異なったりしたら、裁判に持ち込まれるようなことにもなります。そんなふうに遺された人が混乱するのを避けるためにも、遺言は「**公正証書**」で作成することが一番よいのです。

Q61 遺言の執行者は決めておいたほうがよいか

遺言の内容をスムーズに実行させるためには、遺言の執行者を決めておいたほうがいいですか

A ▽絶対に必要ではないが決めておいたほうが有効

自分が死んでから遺される人に、よかれと思って行なう遺言でも、それがスムースに実行されるとは限りません。相続人の数が多かったり、相続人同士の人間関係が複雑だったりすると、それぞれの思惑が交錯して、各人が勝手なことを言い合うようなケースも出てきます。そんなとき、中心になって遺言の執行を進めてくれる執行者を、遺言で定めておくことは有効です。

遺言の執行者というのは、必ず決めておかなければならないものではありません。しかし、それでなくても各相続人のエゴが出やすい状況ですから、そうした声を受けながら相続等を進めていくのは、誰であっても大変です。しかし、故人の遺志であり、法律的にも保証された執行者であれば、各相続人も渋々ながらでも認めざるを得ないでしょう。

▽身内ではない中立的な専門家という選択もある

遺言の執行者には、原則的には未成年者と破産者以外は誰でもなれることになっています。一般的には、亡くなった人の長男がなるようなことがあるのですが、身内でなく弁護士や税理士などの中立的な立場で、法律や税金などに通じている人という場合もあります。「任意後見人」や「任意後見受任者」を指名しておき、本人の生前から死後にかけて同一の人や機関にスムーズに自分の意思を実現してもらうこともいいと思います。

執行者は遺言の内容に従って、正確に執行していくことが求められます。とくに、財産に関する内容については、「相続財産目録」を作成して、まず相続人を保護することが第一に必要です。相続財産について一つひとつ全部調べて、実態がどうであるかを全員の相続人に示すのです。そのうえで、目録に記載された相続財産について、管理、処分、その他遺言の執行に必要ないっさいの行為を行なわなければなりません。時間もかかり根気も必要な大変な仕事です。

ただし、相続財産の処分など、遺言執行者が遺言に従って行なう限り、相続人はそれを妨げる行為ができないように法律で定められていますから、多少の混乱が生じても、被相続人の遺志に沿った相続が行なわれることになります。

Column 「遺言の日」って知っていますか

　「遺言なんて大金持ちだけに関係あるもの」「遺言の話をするなんて縁起でもない」——遺言制度に対しては、こんなふうに誤解や勘違いをしている人はまだとても多いようです。あるいは、「遺言書を書きたいけれど、誰に相談すればいいのかわからない」などという声もよく耳にします。

　そんな声を受けて、遺言や相続についてもっとよく理解してもらおうと、2005年に日本弁護士連合会（日弁連）が、「遺言の日」を決めています。実は1998年から、近畿弁護士会が4月15日を「遺言の日」として、遺言や相続に関する啓蒙活動を続けてきました。この企画がたいへん好評だったのを受けて、日弁連が全国的に展開を始めたものです。

　4月15日にしたのは、「良（四）い遺言（一五）」の語呂合わせだとか。その日を中心にして、全国の約40の弁護士会が、講演や無料法律相談会などを開くようにしています。

　その際、制度全般の解説より、「遺言はどんな内容にしたらいいのか」「公正証書遺言をつくるにはどんな手続きや費用が必要か」「遺言の執行者を誰にしたらいいのか」「自筆証書遺言と公正証書遺言ではどう違うか」「不利な遺言が出てきたときはどう対処するか」など、より実践的な内容のほうが人気が高いそうです。

保佐人の―― 32
　　補助人の―― 36

●ナ行●

日常生活に関する行為　27、28、32
任意後見監督人　115、118、120
　　――選任審判の申立て　89、108、110
　　――の報酬　121
　　――の辞任や解任　122
任意後見契約　87、91、97
　　――の内容変更と解除　124
　　――の終了　128
任意後見受任者　81、108
任意後見制度　80
任意後見人　99、106、108
　　――の解任　128
任意後見の登記事項　151
ノーマライゼーション　19、76

●ハ行●

被後見人等の資格制限　76
秘密証書遺言　195、206
普通方式の遺言　192
閉鎖登記ファイル　142
変更の登記　140
包括遺贈　209

報酬付与の審判　44
法定後見制度　24
法定後見の登記事項　150
法定相続人　174
法定相続分　175
保佐　30
保佐開始の審判　30
保佐人　30
　　――の権限　31
　　――の職務　42
補助　34
補助開始の審判　35
補助人　35
　　――の権限　35
　　――の職務　42

●マ・ヤ・ラ行●

民事法律扶助　69
申立権者　25
遺言　107、172
遺言書　192
　　――の修正や取消し　213
　　公正証書――　193、200
　　自筆証書――　192、197
　　特別方式の――　196
　　秘密証書――　195、206
　　普通方式の――　192
遺言の執行者　217
リビング・ウィル　106

財産目録　40
自己決定権の尊重　19、130
市町村長による後見等開始の申立て　57
自筆証書遺言　192、197
事理弁識能力（判断能力）　26、30、34、70、74
重要な行為　30
終了の登記　141
身上監護　41、42
　　任意後見人による――　92、100
身上配慮義務　41、43
審理　66
成年後見監督人（等）　47、48、50
　　――の解任　53
　　――の職務　48
　　――の辞任　54
　　――の選任　50
　　――の報酬　49
成年後見制度　16
成年後見登記制度　136
成年後見人（等）　24、27
　　――の解任　52
　　――の権限　27、29
　　――の辞任　54
　　――の職務　40
　　――の選任　24、38
　　――の報酬　44

成年後見用診断書　71
相続欠格　179
相続財産管理人　107
相続人の廃除　179

●タ行●

代理権　25
　　任意後見人の――　91、101、124
　　成年後見人の――　28
　　保佐人の――　33
　　補助人の――　37
代理権付与の審判　35
代理権目録　101
同意権　25
　　保佐人の――　31
　　補助人の――　36
同意権付与の審判　35
登記事項　150
　　――の証明　152、159
登記の嘱託　139
登記の申請　143、166
登記されていないことの証明書　153
特定遺贈　209
特定の法律行為　29、33、35
特別方式の遺言　196
取消権　25
　　成年後見人の――　27

用・語・索・引

わからない用語の意味や関連項目がすぐに見つかる

主として**太字**のところで解説しています

●ア行●

移行の登記　**165**
遺産分割（協議書）　**175**、199
意思尊重義務　**41**、43
遺贈　**178**、208
委任契約　**84**
遺留分　**182**、201
遺留分減殺要求　**182**、201

●カ行●

鑑定　**65**、72
　　──の費用　**69**、72
禁治産、準禁治産　**18**、136、165
検認（家庭裁判所の）　193、**197**
後見　**26**
後見監督　**41**、46、48
　　──の費用　**49**
後見事務　**40**、46
　　──の費用　**45**

　　任意後見人の──　**106**
後見等開始の審判の申立て　**56**、65
　　──の費用　**68**
後見登記等ファイル　**139**、165
公証人　**200**
公証役場　97、194、**200**
公正証書　**97**
　　──作成の費用　**97**
公正証書遺言　**193**、200
　　──作成の費用　**203**
戸籍の再製　**165**

●サ行●

財産管理　**40**、42
　　後見人による──　**40**
　　保佐人・補助人による──　**42**
　　任意後見人による──　**92**、99

著者略歴

三浦　繁 (みうら　しげる)

1942年東京生まれ。税理士、遺言・成年後見アドバイザー、宅建主任者。資産家のための相続対策などの業務を中心とした㈱アプト・FP2および不動産会社㈱アプト・エステート代表取締役。日本化薬㈱、会計事務所勤務の後、中小企業経営に従事する。その後、税理士事務所を開設し、弁護士、不動産鑑定士らとともに、中小企業経営者、一般納税者の税務・経営相談等で活躍している。著書に、『「相続」対策と「相続税」対策の上手なやり方』、『相続税・贈与税のことがわかる本』（ともに同文舘出版）などがある。
NPO法人遺言・成年後見普及センター長野理事・事務局長

税理士法人アプト会計事務所
東京事務所
〒115-0045　東京都北区赤羽2-21-8
TEL　03-3903-7501　FAX　03-3903-7504
E-mail apt-kaikei@tkcnt.or.jp

小諸事務所
〒385-0021　長野県佐久市長土呂427-27　佐久平・秋桜1階
TEL　0267-67-8558　FAX　0267-67-8567
E-mail　apt@sas.janis.or.jp

よくわかる成年後見制度と遺言の知識

平成18年6月28日　　初版発行
平成21年12月24日　　3刷発行

著　者　三浦　繁
発行者　中島治久

発行所　同文舘出版株式会社
　　　　東京都千代田区神田神保町1-41　〒101-0051
　　　　電話　営業03（3294）1801　編集03（3294）1803
　　　　振替　00100-8-42935　http://www.dobunkan.co.jp

Ⓒ S. Miura　ISBN4-495-57171-0
印刷／製本：壮光舎印刷 Printed in Japan 2006

仕事・生き方・情報をサポートするシリーズ　DO BOOKS

売れる販売スタッフはここが違う

船井総合研究所　進　麻美子 著

接客販売の仕事を楽しむためのポイントと、だれにでもできるちょっとした工夫の数々を紹介！　接客の楽しさを知って、オンリーワンの販売スタッフになろう！　　**本体1,400円**

販売スタッフがワクワクつくる！
カンタン・アイデア販促ツール

船井総合研究所　進　麻美子 著

DM、販促ツール、売場づくりツールのほか、接客ツールのつくり方、販促計画の立て方までを解説。1冊マスターすれば、「売れる販売スタッフ」になれる！　　**本体1,400円**

新人のうちにマスターしたい
接客・サービスの超基本

船井総合研究所　渡部啓子 著

プロの身だしなみ・挨拶・お辞儀・言葉遣い、接客用語、売上と利益の関係、クレーム対応・リピーターづくり、成長を早める「6つの習慣」など接客・サービスの基本をやさしく解説　　**本体1,300円**

高額商品販売　とっておきのテクニック

船井総合研究所　井手　聡 著

"値が張る商品"を売るためのノウハウを10に分類。「自分ブランド」「価値訴求」「人気商法」「使用時体験」「サービス力」等のキーワードを使ってわかりやすく解説　　**本体1,400円**

中小店は「一点集中」と「一点突破」で勝ち残れ!!
本物商人・佐藤勝人のエキサイティングに売れ！

サトーカメラ代表取締役専務　佐藤勝人 著

北関東No.1カメラ店経営者兼"カリスマ経営コンサルタント"が、地域一番店をめざす中小店・専門店に贈る「小さくても強い会社」をつくる戦略と戦術　　**本体1,500円**

同文舘出版

本体価格には消費税は含まれておりません。